IULIAN TRIBO'

A DOUA CARTE

AUTOCUNOASTERE:
Ghid motivațional pentru vindecare și echilibru interior

BUCURESTI
2025

ISBN 9781836887898

Cuvânt de început

Această carte a început cu un zâmbet. Un zâmbet în fața minții care, ca de atâtea ori, a spus: „Ești nebun."
Terminasem Prima Carte cu doar patru zile în urmă.
De data aceasta, n-am mai contracarat, n-am mai ezitat, n-am mai revenit la logica suferinței. Am zâmbit și am spus: „Ce-oi păți, oi păți."
Această carte nu e o continuare, ci o ridicare. Dacă Prima Carte a fost o coborâre în rădăcinile suferinței și o urcare până la pragul conștiinței, A Doua Carte e respirația firească de după. E calea vieții trăite conștient, umblarea prin lume cu ochii deschiși, inima vie și pașii asumați.
Aici nu mai e vorba doar de eliberare,, ci de alegere. Nu de înțelegere, ci de întrupare. De aplicarea zilnică a adevărului interior, indiferent de contextul exterior. De curajul de a nu mai demonstra nimic nimănui, pentru că adevărul e deja viu în tine.
Această carte e despre mine. Despre tine. Despre noi. Despre toți cei care, după ce au ieșit din întuneric, n-au fugit de lumină, ci au învățat s-o poarte.

Bine ai venit în A Doua Carte.

Prefață – De ce A Doua Carte?

Această carte nu se citește dintr-o suflare. Se trăiește, se reflectă, se experimentează. Ești invitat nu doar să parcurgi paginile, ci să-ți întâlnești propria viață în ele.
Contextul crizei globale și saltul necesar
Această carte s-a născut din lipsă – lipsa de sens a unei lumi pline de informații, dar rănită profund.
Prima Carte a fost o coborâre în adâncurile ființei – o radiografie a suferinței și o deschidere spre libertatea interioară, o chemare la regăsirea simbiozei cu viața, ceilalți și Universul. Dar odată oferită cheia, a venit întrebarea: „Și acum ce mai scrii?"
Răspunsul nu a fost al unui autor, ci al unui om:
Scriu ce e necesar. Scriu ce trebuie oferit acum pentru ca umanitatea să meargă mai departe.
Privind în jur și în mine, am întrebat:
• Care e cea mai mare criză psihoemoțională globală?
• Care e rana colectivă ce ne arde pe toți și cere o nouă arhitectură de viață?
Răspunsul: depresia, anxietatea, deconectarea, pierderea sensului, frica generalizată – o criză planetară, nu doar personală.
Scopul și viziunea
A Doua Carte nu e o continuare, ci o ridicare. Dacă Prima Carte a oferit răspunsuri pentru rănile interioare, aceasta propune structura trăirii conștiente într-o lume unde durerea a devenit obișnuință.
E despre:
• Întrupare, nu doar înțelegere.
• Frecvența viitorului, nu doar ieșirea din trecut.

• Curajul de a trăi adevărul interior, indiferent de contextul exterior.

Scriu pentru:
• Cei care nu mai pot trăi ca înainte, dar nu știu încă „cum altfel".
• Cei care nu se mai regăsesc în vechiul program de viață, dar caută busola noului.
• Cei care au ieșit din întuneric și aleg să învețe a trăi în lumină.

Mesajul:
• Nu e suficient să înțelegi. Trebuie să trăiești în acord cu ce ai înțeles.
• Nu e suficient să vrei schimbarea. Trebuie să devii schimbarea.

Un ghid viu.
A Doua Carte e un ghid viu pentru trăirea conștientă într-o lume care renaște – o punte între criza globală și saltul personal.

Bazată pe:
• Experiența mea personală și cu cei care mi-au cerut ajutorul.
• Analogii științifice care susțin metodologii conștiente, testate și funcționale.

Această carte:
• Nu doar analizează, ci propune soluții.
• Nu doar luminează rana, ci indică drumul vindecării.
• Oferă unelte conceptuale și coduri de navigare pentru cei care nu mai pot merge orbește printr-o lume în schimbare.

Notă: Adevărurile din această carte sunt tranzitorii, ancorate în știința și experiența momentului scrierii. Scopul nu e dogma, ci aplicarea conștientă pentru cei care aleg să trăiască diferit.

Bine ai venit în această călătorie a curajului, a trăirii și a libertății applicate

CUPRINS:

1. **Cuvânt de început**..1
2. **Prefață** :. De ce A Doua Carte?.........................2
3. **Cuprins**..5
4. **Capitolul 1**: Epicriza unei specii în criză.
Diagnostic global al stării umane................................6
5. **Capitolul 2**: Observatorul aplicat.
Mecanismul interior al transformării suferinței................20
6. **Capitolul 3**: Mintea colectivă
și condiționarea suferinței.De la moștenire la eliberare....43
7. **Capitolul 4**: Anatomia credinței.
Cum ne programăm și cum ne eliberăm........................68
8. **Capitolul 5**: Simbioza cheia ascunsă a eliberarii
Interioare si a evoluției colective................................89
9. **Capitolul 6**: Criza ca mecanism de salt evolutiv........114
10. **Capitolul 7**: Biologia percepției și anatomia alegerii..128
11. **Capitolul 8**:
Vindecarea rănilor colective și trauma speciei 141
12. **Capitolul 9**:
Trauma speciei și saltul de conștiință colectivă..............148
13. **Capitolul 10**: Menirea individuală și colectivă.
Calea interioară și scopul universal............................157
14. **Capitolul 11**: Iubirea ca arhitect al vieții:
dincolo de sentiment, un cod informațional..................164
15. **Capitolul 12**: Hotărârea care vindecă.
Terapia ca ritual al deciziei..169
16. **Epilog**:
Scrisoare pentru generațiile viitoare............................175
17. **Glosar**..177

Capitolul 1

Epicriza unei specii în criză – diagnostic global al stării umane

1.1 – Ce este o epicriză? – De la pacient la umanitate
În medicină, epicriza este sinteza finală a unei etape de boală – un rezumat clinic care cuprinde diagnosticul, evoluția și direcția tratamentului. Este momentul în care medicul nu mai luptă cu simptomele, ci analizează tabloul complet pentru a înțelege ce s-a întâmplat, ce se mai poate face și ce e de acceptat.

Translatat la scară colectivă, conceptul de epicriză poate fi aplicat întregii umanități, ca organism viu aflat într-un proces de reevaluare profundă. După decenii – poate chiar secole – de dezechilibru accelerat, suntem la punctul în care suferința a devenit suficient de vizibilă pentru a fi analizată sistemic. Nu mai este o criză individuală, ci o disfuncție generalizată care se manifestă simultan în corpul, mintea și sufletul colectiv al omului modern.

Umanitatea întreagă se comportă astăzi ca un pacient în criză post-traumatică, ajuns în faza epicrizei: acel moment de luciditate în care nu mai putem nega boala, dar nici nu mai putem amâna vindecarea. Nu mai funcționează pansamentele. Nu mai ajută distragerile. Realitatea este că avem nevoie de o diagnoză clară, urmată de o alegere conștientă: continuăm pe cale automată sau începem vindecarea reală?

Această carte pornește din exact acest punct-cheie al conștiinței colective – epicriza. E momentul în care nu ne mai permitem să negăm. Dar nici să ne grăbim. E momentul în care trebuie să privim totul, așa cum este.

1.2 – Date științifice privind criza mondială

Conform Organizației Mondiale a Sănătății (OMS), prevalența depresiei și anxietății a crescut cu peste 25% în primul an al pandemiei COVID-19. Aproximativ 1 din 8 persoane la nivel global suferă de o tulburare mentală diagnosticabilă, cele mai frecvente fiind tulburările anxioase și depresive.

În multe țări dezvoltate, cifrele sunt și mai alarmante. De exemplu:

• În SUA, peste 13% din populație prezintă simptome depresive active, cu impact semnificativ asupra funcționării zilnice.

• În Europa, Organizația Europeană pentru Sănătate Mintală estimează că 1 din 6 persoane a experimentat o formă severă de anxietate în ultimul an.

Interesant este că, potrivit datelor disponibile, ratele cele mai scăzute de depresie se înregistrează în țări cu un nivel de educație mai scăzut, dar cu o coeziune comunitară ridicată (de exemplu, în anumite regiuni din Africa subsahariană sau Asia rurală). Acest paradox evidențiază faptul că educația formală în sine nu este un factor protector garantat. În schimb, structurile sociale vii, sentimentul de apartenență și conexiunea cu ritmurile naturale par să joace un rol cheie în menținerea echilibrului psihoemoțional.

Aceste constatări sugerează că ruptura de contextul comunitar și accelerarea stilului de viață urbanizat pot fi factori centrali în epidemia globală de suferință psihică. Este un raționament logic observabil, în curs de cercetare aprofundată.

1.3 – Dimensiunea psihoemoțională – sindromul colectiv al ruperii de sine.

În spatele simptomelor clinice ale depresiei și anxietății se ascunde o realitate tăcută, dar profundă: frica a devenit un mod de viață. Frica de eșec, frica de moarte, de instabilitate, de respingere, de viitor, de a nu fi suficient... toate aceste frici sunt întreținute zilnic, subtil sau brutal, de contextul în care trăim. Iar creierul nostru, proiectat biologic pentru siguranță, se adaptează astfel încât să funcționeze în regim de supraviețuire continuă, nu de evoluție firească.

Această frică generalizată conduce la o hiperactivare a sistemului nervos simpatic, responsabil cu reacția de tip „luptă sau fugi". În lipsa unor momente reale de pericol imediat, sistemul rămâne în alertă fără cauză clară – ceea ce duce în timp la epuizare, dezechilibru hormonal, insomnie, iritabilitate, retragere socială și, în final, depresie și anxietate funcțională.

În paralel, se manifestă un fenomen tăcut, dar devastator: fragilizarea apartenenței. Rolurile clare în familie, comunitate sau sistem spiritual s-au dizolvat sau au devenit instabile. Oamenii nu mai știu „unde le este locul". Nu mai există o plasă de susținere în jur, iar acest vid afectiv alimentează sentimentul de rătăcire identitară.

Din acest gol psihologic, apar simptomele:
• anxietatea cronică (fără motiv aparent),
• depresia funcțională (mascată prin activitate),
• burnout-ul (eșecul adaptării prelungite),
• somatizările (tristețea corpului),
• fuga în adicții (compensare emoțională),

• violența psihologică (refuzul propriei vulnerabilități proiectat asupra celorlalți).

Raționament: ruptura de simbioza naturală, adică pierderea conexiunii dintre om, ceilalți, natură și sens – este sursa profundă a ceea ce putem numi astăzi „boala socială cronică". Aceasta nu este doar o tulburare de reglaj psihologic, ci o disfuncție de identitate a speciei umane, aflată între două paradigme: cea a apartenenței vechi și cea a solitudinii moderne.

Această dimensiune psihoemoțională este cheia înțelegerii crizei colective. Nu este suficient să tratăm simptomul – trebuie să restaurăm conexiunea. Cu sine. Cu viața. Cu ceilalți. Cu ritmurile și simbolurile care hrănesc psihicul uman.

1.4 – Cauzele majore ale haosului universal
Pentru a înțelege de ce omenirea a ajuns într-un punct de dezechilibru atât de profund, trebuie să privim nu doar la efecte, ci la cauzele sistemice ale haosului actual – cauze care acționează simultan asupra corpului, minții, relațiilor și sensului existențial.

1. Pandemia COVID-19 – un catalizator global
Pandemia nu a creat fricile, ci le-a amplificat. Ea a fost un amplificator planetar al neliniștilor deja existente. Izolarea forțată, pierderea controlului, nesiguranța economică și bombardamentul informațional au generat o traumă colectivă, cu efecte de lungă durată asupra echilibrului emoțional al populației.

Studiile arată că mulți oameni au rămas într-o stare de „alertă fără obiect", chiar și după ce pericolul imediat a trecut. Acest fenomen, cunoscut sub denumirea de „răspuns întârziat de stres post-pandemic", contribuie la menținerea anxietății cronice în mase largi de populație.

2. Suprastimularea digitală – agresiune informațională permanentă

În era conectării permanente, omul modern trăiește sub un bombardament continuu de stimuli. Notificări, breaking news, algoritmi care nu ne dau pace. Sistemul nervos, conceput pentru a procesa secvențial, este forțat să digere simultan zeci de semnale contradictorii.

Rezultatul? Dereglarea sistemului dopaminic, creșterea anxietății și incapacitatea de a simți liniște sau prezență reală. Studiile recente arată că timpul excesiv petrecut pe rețele sociale este corelat cu o scădere a stimei de sine, cu tulburări ale somnului și cu stări depresive.

3. Criza climatică – anxietatea ecologică (eco-anxiety)

Fără să fim conștienți pe deplin, mulți oameni trăiesc cu un sentiment de neliniște față de viitorul planetei. Incendiile, inundațiile, pierderea biodiversității sunt percepute ca semnale apocaliptice. Acest tip de anxietate – denumit în literatura de specialitate eco-anxiety – afectează mai ales generațiile tinere, care simt că nu mai au viitor sigur.

4. Fragmentarea ideologică și spirituală

În lipsa unui sens comun, omenirea a devenit o multitudine de triburi ideologice: polarizare politică, războaie culturale, confuzie valorică. Nu mai există o „hartă comună" a realității. Fiecare e cu adevărul lui, dar adevărul comun se erodează.

Această fragmentare produce o stare de dezrădăcinare spirituală: omul nu mai știe în ce să creadă. Fără un reper interior sau colectiv, mintea devine vulnerabilă, iar emoțiile se dezintegrează în reacții de autoapărare.

1.5 – Cum s-a ajuns aici: mecanismele degenerative sociale și biologice

Pentru a înțelege cum a ajuns omenirea într-o asemenea stare de dezechilibru emoțional, spiritual și biologic, trebuie să privim la mecanismele lente, dar persistente, ale degenerării sistemice. Acestea nu au apărut brusc, ci s-au acumulat în zeci de ani, până când omul s-a trezit străin în propria viață.

1. Accelerarea vieții moderne – viteza care depășește adaptarea.

Corpul uman are un ritm natural, biologic, calibrat la ciclicitatea lumii: zi și noapte, anotimpuri, respirație, bătăi ale inimii. Dar viața modernă a rupt această sincronizare. Producția de masă, deadline-urile, multitaskingul, iluminatul artificial și tehnologia de 24/7 au produs un salt forțat în hiperactivitate, iar organismul nu a avut timp să se adapteze.

Rezultatul: desincronizare internă, insomnie, tulburări endocrine, epuizare cronică și fragilitate psihoemoțională.

Trăim prea repede pentru a mai simți ce trăim.

2. Cultura performanței – valoarea prin utilitate.

Societatea a mutat accentul de la „cine ești" la „ce produci". Nu mai ești valorizat pentru ființare, ci pentru eficiență. A greși devine rușinos. A obosi – slab. A suferi – inacceptabil.

Această cultură a performanței a creat o masă de oameni care se autosabotează emoțional pentru a fi „în grafic", ignorând durerea, neliniștea și nevoile profunde.

3. Reprimarea emoțională – dictatura raționalului.

În ultimele decenii, educația și cultura occidentală au promovat hiperraționalizarea ca standard. Emoțiile au fost marginalizate ca fiind „slăbiciuni" sau „piedici în carieră".

Astfel, milioane de oameni au învățat să nu-și mai exprime tristețea, furia, teama – dar ceea ce nu exprimăm, reprimăm.
Reprimarea duce la somatizare: corpul urlă ce sufletul tace. Astfel apar boli autoimune, tulburări digestive, oboseală inexplicabilă.

4.Lipsa ritmurilor de regenerare – viața fără pauză.
Trăim fără pauze adevărate. Fără spațiu pentru introspecție. Fără ritualuri care să închidă un ciclu și să deschidă altul. Fără duminici, fără anotimpuri în suflet, fără noapte adevărată.

Biologic vorbind, regenerarea este imposibilă fără oprire. Societatea de azi cere funcționare permanentă. Iar asta ucide treptat capacitatea de a ne reseta.

1.6 – Distribuția globală a depresiei: Educație, economie și sens.

La o primă vedere, am putea crede că depresia și anxietatea sunt mai frecvente în țările sărace, acolo unde resursele sunt limitate și viața e o luptă zilnică. Dar datele internaționale contrazic această presupunere.

Conform studiilor OMS și cercetărilor din Lancet Global Health:

Țările cu venituri ridicate și educație formală extinsă au cele mai ridicate rate de depresie și anxietate raportate.

În schimb, în multe țări cu venituri mici și viață centrată pe prezent și comunitate, prevalența acestor afecțiuni este semnificativ mai redusă – nu pentru că nu ar exista, ci pentru că sunt altfel procesate și trăite.

• De exemplu, în Africa subsahariană și în Asia rurală, deși nivelul de trai este scăzut, oamenii manifestă o reziliență emoțională mai puternică, explicabilă prin:

-o viață trăită în contact direct cu natura și resursele primare,
-o apartenență profundă la familie și comunitate,
-o preocupare pentru ziua de azi, nu pentru controlul viitorului.

Raționament logic:

• Oamenii care trăiesc într-un mod direct, în contact cu realitatea concretă – „Ce mâncăm azi?", „Cum ne descurcăm cu recolta?", „E toată lumea bine în sat?" – nu au timp (și nici infrastructura cognitivă antrenată) pentru ruminații anxioase pe teme globale.

• Ei trăiesc pe frecvența prezentului ca supraviețuire activă, nu a viitorului ca ipoteză amenințătoare. Asta generează un sistem nervos antrenat în mod constant la adaptare zilnică, care are o toleranță mai mare la incertitudine.

• În schimb, în societățile avansate tehnologic și educațional, unde viitorul este proiectat, planificat și idealizat, orice deviere – pandemie, criză, război – este percepută ca o amenințare la identitate.

• De aici, tulburările de adaptare și implozia emoțională.

În Prima Carte am dezvoltat bazele ieșirii din programul suferinței. Aici, reactivăm acele coduri, dar le ducem mai departe – în cotidian, în practică, în viață.

1.7 – Sindromul adaptării la anormal.

Una dintre cele mai insidioase forme de degradare psihoemoțională este aceea în care anormalul devine normal – nu pentru că este sănătos, ci pentru că ne-am adaptat la el. Acest fenomen poartă numele de adaptare disfuncțională cronică și este tot mai vizibil în viața omului modern.

Trăim cu suprastimulare și o numim „viteză a vieții".

Trezitul obosit, scroll-ul compulsiv, bombardamentul de notificări, mâncatul pe fugă, multitaskingul continuu, incapacitatea de a sta în liniște – toate acestea sunt simptomele unui sistem nervos care funcționează în regim de urgență aproape permanent.

Problema este că, în lipsa unei ieșiri clare din acest cerc, corpul și psihicul se adaptează la starea de stres și o redefinesc ca fiind normală. Astfel apare o toleranță falsă la oboseală, o detașare emoțională față de propria suferință și o pierdere treptată a capacității de introspecție.

Sindromul „mă descurc"

Oamenii spun adesea: „Mă descurc", când de fapt se simt epuizați, confuzi, goi pe dinăuntru. Adaptarea la anormal devine un mecanism de supraviețuire colectivă, dar și o capcană care împiedică regenerarea.

Adaptarea la stres cronic nu înseamnă reziliență. Înseamnă resemnare biologică și emoțională.

Sistemul nervos începe să funcționeze pe pilot automat, iar individul nu mai simte când are nevoie reală de ajutor. Acesta este motivul pentru care mulți oameni „se prăbușesc brusc", aparent fără semne: semnele au fost acolo, dar deveniseră invizibile prin obișnuință.

A te adapta la haos fără să-l conștientizezi nu este o virtute. Este o formă de alienare subtilă. Vindecarea nu începe cu oprirea stresului, ci cu recunoașterea faptului că ceea ce trăiești nu este firesc.

1.8 – Fragmentarea omului modern.

Omul modern este, în esență, o ființă fragmentată. Nu din vina lui, ci dintr-un proces istoric, social și cultural care l-a rupt treptat de întregul din care făcea parte: natura, comunitatea, ritmul interior, simțul sacrului și sensul profund al existenței.

Această fragmentare nu este doar filosofică – este profund biologică, psihologică și spirituală. Ne afectează în feluri subtile, dar devastatoare.

1. Ruptura dintre corp și minte.

Corpul are ritmul său. Mintea are altul. În loc să se asculte una pe alta, ele au devenit sisteme paralele. Muncim până la epuizare ignorând semnalele somatice. Bem cafea peste oboseală. Ne distrăm în exces când, de fapt, sufletul plânge.

Așa apare alienarea senzorială: omul nu-și mai simte corpul ca aliat, ci ca o mașină care trebuie forțată să meargă.

Stresul cronic, somatizările și tulburările de percepție corporală (de la anxietate la depersonalizare) sunt semne ale acestei rupturi.

2. Ruptura dintre rațiune și emoție.

Ni s-a spus că emoțiile sunt „slăbiciuni", iar logica este „superioară". Am învățat să gândim clar, dar nu să simțim curat. Ne temem să plângem, să arătăm vulnerabilitate, să cerem ajutor. Emoțiile sunt refulate, raționalizate sau, mai grav, ignorate complet.

Această diviziune produce o gândire rece și o suferință mută. Oamenii devin funcționali, dar goi. Perfecți pe hârtie, dar triști în realitate.

3. Ruptura dintre om și om

Individul modern este înconjurat de oameni, dar suferă de singurătate relațională. Trăim în blocuri comune, dar fără comunitate. Avem sute de „prieteni" online, dar ne e frică să fim autentici.

Această lipsă de conexiune reală produce vid existențial. Fără oglindire autentică, omul nu se poate regăsi pe sine.

4. Ruptura dintre om și sens

- Filosofia a fost înlocuită cu eficiența.
- Sensul a fost înlocuit cu obiectivul.
- Ritmul a fost înlocuit cu performanța.

Trăim pentru a atinge ținte, nu pentru a înțelege cine suntem.

Fragmentarea profundă este aceasta: nu mai știm de ce existăm. Și când sensul lipsește, suferința nu mai are ecou – doar ecou gol.

1.9 – Pierderea reperelor – de la credință la algoritm

În trecut, omul își organiza viața în jurul unor repere clare: credința în divin, apartenența la familie, valorile comunității, sensul oferit de tradiții. Chiar și în suferință, omul știa „de ce trăiește" și „pentru cine". Avea rădăcini.

Astăzi, în schimb, mulți oameni se trezesc suspendați într-un spațiu fără direcție și fără ancore. Nu mai există o autoritate morală comună. Nu mai există o cale spirituală comun acceptată. Nu mai există o „hartă a binelui" valabilă pentru toți.

În locul credinței a apărut îndoiala.
În locul simbolurilor – brandingul.
În locul revelației – notificarea.
În locul rugăciunii – algoritmul.
De la verticalitate la dispersie
- Omul trăia altădată într-o verticală clară: între Cer și Pământ, între Creator și creație.
- Astăzi, verticala s-a dizolvat într-o dispersie informațională: omul este inundat cu date, dar lipsit de înțeles.

Nu lipsa de informații este problema, ci lipsa sensului care le ordonează.

Trăim o formă de „orfanizare simbolică": nu mai avem părinte spiritual, nici ghidare identitară, nici un „de ce" solid.
Tehnologia: unealtă sau idol?
Algoritmii decid ce vedem, ce gândim, ce credem că vrem. Ceea ce înainte era „căutare de sens" a fost înlocuit de „feed de sugestii". Omul nu mai caută conștient – i se oferă ce „ar trebui" să-i placă.
Astfel apare o mentalitate de consumator al realității, nu de creator al propriei experiențe. Iar când sensul este împrumutat, pierderea lui produce colaps intern.
Pierdem reperele nu pentru că realitatea e lipsită de ele, ci pentru că ne-am pierdut capacitatea de a le recunoaște.
Adevărata criză nu este una religioasă, culturală sau digitală – ci una ontologică: nu mai știm ce suntem.

1.10 – Biologia simbiotică și perturbarea genetică – între virus, vaccin și interpretarea subconștientă a amenințării

Corpul uman este o simfonie de adaptări biologice fine, calibrate în milioane de ani de evoluție. ADN-ul, ARN-ul, receptorii, sistemul imunitar și subconștientul funcționează ca un ansamblu interconectat care are un singur scop: menținerea vieții prin adaptare la mediu. Când acest sistem este perturbat brusc – fie de un virus, fie de un agent artificial – întregul organism poate intra într-o stare de conflict interior latent, resimțită ca disconfort emoțional și tulburare psihică.

COVID-19 și vaccinurile – declanșatori biologici și psihoemoționali

Studiile din ultimii ani arată că atât infecția cu SARS-CoV-2, cât și anumite vaccinuri ARNm pot avea efecte neuroinflamatorii sau imunologice cu impact psihoemoțional. În unele cazuri, au fost raportate simptome de tip „long

COVID" care includ anxietate, depresie, confuzie mentală, insomnie, senzație de amenințare permanentă – chiar și la luni după recuperarea fizică.

Cercetările neurologice recente sugerează că inflamația sistemică provocată de virus poate afecta axa creier–intestin–sistem nervos, influențând producția de serotonină și dopamină – esențiale pentru echilibrul emoțional.

În paralel, au fost documentate și efecte secundare de tip inflamator sau autoimun apărute în cazuri rare după vaccinare, mai ales la persoane cu predispoziții genetice sau istoric de sensibilitate imunologică.

Ipoteză logică funcțională (proprie):

Pentru persoanele care nu au avut virusul și nu s-au vaccinat, dar au rămas sănătoase, rata simptomelor anxio-depresive este semnificativ mai mică, potrivit unor date emergente. Acest fapt sugerează că sindromul colectiv post-pandemic nu este doar psihoemoțional, ci poate avea și un substrat biologic real, declanșat prin contactul cu ARN viral sau modificările imunologice generate artificial.

Pe scurt:

Când biologia este invadată de o structură nouă, fie virus, fie vaccin, care interacționează cu ADN-ul sau ARN-ul celular, apare o ruptură temporară de la „normalul intern învățat".

Organismul simte, fără a putea verbaliza: „Ceva nu mai e cum era."

Și dacă nu are istoric biologic pentru a interpreta corect această nouă stare, subconștientul o percepe ca pe o amenințare invizibilă.

• Simptomele devin limbaj biologic:

  - Anxietatea devine alarmă adaptativă: „Ceva nu e în regulă."

- Depresia devine retragere de conservare: „Nu știu cum să merg mai departe."
- Oboseala cronică devine pauză forțată: „Nu mai pot procesa lumea așa cum o știam."

Nu acuzăm virusul. Nu acuzăm vaccinul. Ci observăm impactul lor posibil în sistemul complex al ființei umane. Într-o epocă în care biologia a fost brusc bulversată, nu e surprinzător că mintea și sufletul se simt pierdute.

Adevărata întrebare nu este „cine are dreptate?"

Ci: „Cum ne recalibrăm?"

Simbioza nu cere voie – criza ca forță a evoluției naturale

În dinamica vieții, simbioza nu este un concept blând. Este un principiu de echilibru universal, o lege funcțională care ghidează interacțiunile dintre părți pentru binele întregului. Simbioza nu întreabă: „Ești gata?" sau „Îți convine?"

Ea doar funcționează. Iar când un sistem devine ineficient, simbioza acționează prin criză – nu pentru a distruge, ci pentru a recalibra.

Criza nu este o pedeapsă, ci o unealtă.O ustensilă folosită de viață pentru a corecta, forța, selecta sau elibera.

Noi, oamenii, o percepem ca pe un „rău" doar pentru că ne displace, dar în arhitectura vieții, criza este semnalul că urmează o versiune nouă.

Capitolul 2

Observatorul aplicat – mecanismul interior al transformării suferinței

„Suferința nu dispare când fugi de ea. Dispare când o privești fără să te confunzi cu ea."

Scop:

Să învățăm cum funcționează „Observatorul interior" – acea parte din ființă care vede, dar nu suferă.

Să demonstrăm științific și experiențial că activarea acestui martor lucid poate dezactiva suferința, trauma și haosul emoțional.

2.1 – Ce este Observatorul interior? – De la reacție la conștiință lucidă.

Observatorul interior este acel punct viu din ființă care nu reacționează, ci percepe. El nu este o idee sau o teorie, ci o funcție activabilă care face diferența între a fi absorbit de trăire și a o conține conștient.

Când suntem în mijlocul unei reacții emoționale, întreaga noastră percepție se îngustează. Vedem doar prin lentila acelei trăiri. Observatorul deschide câmpul. Ne ajută să spunem: „Simt furie." – nu: „Sunt furios."

Este diferența dintre identificare și prezență.

A activa Observatorul nu înseamnă să fugi de ceea ce simți. Înseamnă să creezi un spațiu între stimul și răspuns. Un spațiu în care apare libertatea.

Este punctul de unde putem să ne vedem, fără să ne judecăm. Și să ne alegem, nu doar să reacționăm.

Există în fiecare om un spațiu care nu suferă.

Un spațiu care observă, fără să judece. Care vede haosul, dar nu devine el.

Acest spațiu nu este o teorie. Este o funcție. O capacitate latentă a conștiinței umane, activabilă oricând.

Iar numele său, în limbaj universal, este: Observatorul interior.

Ce este, în esență, Observatorul interior?

Este punctul de vedere din interiorul tău care nu reacționează, ci contemplă.

Este vocea care nu urlă, ci șoptește:

„Tu nu ești ceea ce simți. Tu ești cel care simte."

„Tu nu ești gândul tău. Ești cel care observă gândul."

Neuroștiința modernă (prin studiile de imagistică cerebrală și analiza activării cortexului prefrontal) susține existența unui mecanism de meta-cogniție – adică abilitatea minții de a deveni conștientă de propriul proces mental. Acest spațiu nu este o iluzie ezoterică, ci o rețea neuronală activabilă voluntar.

Din punct de vedere psihologic:

Observatorul este o funcție a atenției decuplate de identificare.

Adică: în loc să spui „Sunt furios", poți simți „Se manifestă în mine o reacție de furie."

Această distanțare funcțională este folosită în tehnici moderne precum:
• Mindfulness (Jon Kabat-Zinn)
• ACT – Acceptance and Commitment Therapy
• Internal Family Systems (Richard Schwartz)

Psihologia transpersonală:

Toate confirmă că neidentificarea cu emoția reduce suferința.

În tradițiile contemplative:
- Hindușii îl numesc sakshi bhava – starea martorului.
- Budiștii vorbesc despre sati – conștiența lucidă prezentă.
- Creștinii mistici îl numesc „ochiul sufletului care nu se închide niciodată".

Toate descriu același lucru: o instanță vie care vede fără să se piardă.

De ce e important?

Pentru că majoritatea oamenilor trăiesc prin identificare totală cu stările lor.

Când ești trist, ești acea tristețe.

Când ești furios, nu mai ești tu – ești doar reacția ta.

Observatorul interior este ieșirea din această hipnoză emoțională.

Este spațiul din tine care nu cere să dispară emoția, ci doar să nu te confunzi cu ea.

Dinamica suferinței se schimbă total când apare Observatorul:

Fără Observator:
- „Sufăr, deci sunt pierdut."
- „Totul e haos."
- „Nu mai am control."

Cu Observator activ:
- „Sufăr, dar văd ce se întâmplă în mine."
- „E haos, dar nu sunt doar haosul."
- „Nu controlez totul, dar pot alege răspunsul."

Începutul transformării:

Adevărata transformare nu începe cu soluții, ci cu vizibilitate.

Nu poți schimba ceea ce nu vezi.

Observatorul este lumina interioară care face vizibil inconștientul.

Este cel care oprește lanțul reacțiilor automate și aduce o clipă de claritate sacră.

Și e suficientă o clipă ca întreaga viață să se repoziționeze.

2.2 – Mecanismul de identificare – Cum devenim prizonierii propriilor trăiri.

Înainte să suferim... ne identificăm.

Nu există suferință intensă fără o identificare profundă cu ceea ce percepem, simțim sau gândim.

Identificarea este lipirea ființei noastre de o stare trecătoare, ca și cum ar fi definită de ea.

• Nu mai spunem: „Simt durere." Spunem: „Sunt distrus."

• Nu mai spunem: „Trec printr-o frică." Spunem: „Sunt un fricos."

Așa se naște suferința care durează.

Ce înseamnă „identificare"?

Identificarea este confundarea temporară cu o emoție, o idee sau o poveste.

• Este atunci când mintea se învârte în cerc, iar tu devii acel cerc.

• Este atunci când durerea îți spune cine ești, iar tu o crezi.

• Este hipnoza conștiinței de sine.

Psihologia cognitivă numește acest fenomen fuzionare cognitivă:

gândurile și emoțiile nu mai sunt percepute ca fenomene trecă-toare, ci ca adevăruri absolute despre sine.

Ce se întâmplă în creier?

Când o emoție puternică apare (ex. rușine, frică, furie), se activează:
- amigdala – centrul reacțiilor emoționale automate,
- insula – procesarea senzațiilor corporale interoceptive,
- cortexul cingulat anterior – implicat în durerea socială și ruminație.

Dacă nu e prezent și activ cortexul prefrontal, care poate reflecta și regla, emoția devine dominantă și „preia conducerea".

Așa apare ciclul: trăire → gând → reacție → confirmare → și iar trăire.

Se formează un circuit închis, alimentat de propriul foc.

Exemple:

1. Cineva mă respinge.
2. Gând: „Nu sunt suficient de bun."
3. Emoție: rușine, durere, teamă.
4. Mă închid, devin anxios.
5. Ceilalți observă și se îndepărtează.
6. Confirm gândul: „Vezi? Nu sunt bun."

Acesta este circuitul de identificare. Fără Observator, devii victima propriilor concluzii.

Identificarea are și o rădăcină evolutivă:

Creierul uman este programat să caute continuitate în identitate – să știe „cine e" ca să poată supraviețui.

Dar când identitatea se formează pe baza traumei sau a gândirii rigide, devine o închisoare.

Ne agățăm de roluri, de povești despre „ce ni s-a întâmplat", de suferințe devenite titluri de glorie.

Soluția nu este să negi trăirea.

Soluția este să o vezi fără să devii ea.

Observatorul nu te face insensibil.

Te face disponibil să vezi întreaga paletă a vieții fără să te dizolvi în fiecare culoare.
• „Refuzul realității consumă energie internă și blochează reechilibrarea."
• Atâta timp cât negăm ceea ce este, nu putem ieși din mecanism.
• Observatorul nu ne cere să ne placă realitatea, ci să nu o mai alimentăm cu iluzie.
Codul de ieșire – Administratorul propriei interpretări:
Conștientizarea fundamentală:
„Eu interpretez ceea ce percep. Eu decid câtă influență are mediul asupra mea. Așadar, tot eu pot interveni, schimbând modul în care percep realitatea pentru a-mi transforma starea."
Această frază aparent simplă conține un cod de dezactivare a identificării.
Devii nu doar observator al trăirii, ci și administrator al programului care generează acea trăire.
Alegi să nu mai rulezi automat software-ul „sunt victima împrejurărilor".
Alegi să modifici filtrul, nu să schimbi lumea.
• „Fericirea nu este un premiu. Nu este condiționată. Este o decizie. Un punct de plecare, nu un rezultat."
Exercițiu complementar: schimbarea apartenenței
Un element esențial este exercițiul mutării apartenenței:
• Dacă suferința ta este legată de loialitatea față de un grup, o familie sau o traumă colectivă, observă acest atașament și mută-l conștient către un nivel mai înalt – Creatorul, Universul, conștiința totală.
• Această schimbare eliberează psihicul de identitatea victimizantă și creează un nou spațiu de libertate interioară.

• O secundă de alegere conștientă... și întreaga ființă se reașază.

Observatorul interior nu este o teorie.

Este punctul din tine care îți amintește că, indiferent ce simți, ai puterea de a vedea, a decide și a schimba.

Aceasta este libertatea care începe în minte, dar se simte în întreg corpul:

Nu ești emoția ta. Ești cel care o conține și o poate transforma.

2.3 – Activarea martorului – Tehnici, antrenamente și declanșatori.

Observatorul interior nu este doar o idee frumoasă.

Este o funcție psihobiologică latentă, care poate fi antrenată, trezită și susținută.

Este echivalentul unui mușchi intern al conștiinței, care devine mai clar, mai activ și mai stabil cu fiecare exercițiu aplicat.

Nu te naști cu un martor activ. Îl creezi. Îl cultivi. Îl întărești.

Așa cum în Prima Carte se afirmă:

„Capacitatea de a observa fără a te contopi este începutul eliberării. Observatorul interior este scânteia din care se reaprinde întregul foc al conștiinței de sine."

1. Primul pas: recunoașterea automatelor.

Nu poți activa Observatorul cât timp te crezi reacțiile tale. Activarea începe cu această frază interioară magică:

„Ce se întâmplă acum în mine?"

Această întrebare creează un spațiu de observare.

În acel spațiu:

• amigdala încetinește,

• cortexul prefrontal se reactivează, și apare o fereastră de decizie conștientă.
   2.Tehnici practice validate științific:
   • *Mindfulness* (conștiență prezentă, non-reactivă)
-Validat prin zeci de studii (Kabat-Zinn, Davidson, NIH).
-Scade activarea amigdalei, crește conectivitatea cu cortexul prefrontal.
-Exercițiu de bază: „Ce simt acum?" – dar fără interpretare.
   • *Grounding* (ancorare corporală)
-Revin în prezent prin simțuri: atingere, respirație, miros, sunet.
-Observatorul se fixează într-un corp viu, nu într-o idee.
   • *Reflectarea activă:*
-Scriu sau rostesc ceea ce simt, fără a mă judeca:
   „În mine este tristețe. Este teamă. Este frică de eșec."
   o Acțiunea verbală scoate suferința din inconștient.
   3.Declanșatori spontani ai Observatorului,
   Uneori, Observatorul se activează în mod natural:
   • când trecem printr-o suferință copleșitoare (șocuri existențiale),
   • când ne îndrăgostim profund (ieșim din sinele vechi),
   • sau când experimentăm frumusețe pură (muzică, natură, revelație).
   Aceste momente sunt numite în psihologie stări de expansiune a sinelui.
   Ele dovedesc că Observatorul nu este o fantezie, ci o parte vie din structura noastră profundă.
   4.Exercițiul de neidentificare.
   „Pentru a nu te mai identifica cu suferința, imaginează-ți că ajuți un prieten. Devii observator al problemei lui. Acum aplică aceeași poziție... față de tine însuți."

Acest exercițiu de proiecție lucidă este o metodă rapidă de a activa Observatorul.

Este validat și în terapia cognitiv-comportamentală sub forma distanțării cognitive.

Dar tu l-ai formulat simplu, omenesc, aplicabil oricui – și așa rămâne puternic.

5. Neuroplasticitatea Observatorului.

Cu fiecare activare a martorului, creezi trasee noi în creier.

Literar spus: devii alt om, dinăuntru spre afară.

Conform studiilor din neuroștiință contemplativă (Lazar, Goleman, Davidson):

- cortexul prefrontal se îngroașă,
- se reduce reactivitatea centrilor de stres,
- se stabilizează starea de calm și prezență lucidă.

Observatorul nu doar te face mai conștient – te transformă biologic.

Concluzie:

-Activarea Observatorului nu este o tehnică.

-Este un antrenament al libertății interioare.

-Este începutul acelei puteri tăcute care spune:

„Văd. Simt. Dar nu sunt ceea ce simt. Sunt acela care a ales să vadă. Și deci pot alege și altceva."

2.4 – Observatorul și trauma – Cum se dezactivează suferința persistentă

Trauma nu este evenimentul. Trauma este urma nevindecată din noi.

Este ecoul unei dureri care nu a fost procesată. O energie blocată în corp, o poveste rămasă nespusă, un verdict pe care l-am acceptat fără să-l întoarcem.

Nu ce ni s-a întâmplat ne distruge, ci ce am rămas să credem despre noi după ce ni s-a întâmplat.

Aici, Observatorul interior nu mai e doar o opțiune de conștiință.

Devine o unealtă de eliberare.

Trauma și mecanismul de „înghețare a identității"

Studiile de traumă (Gabor Maté, Bessel van der Kolk, Peter Levine) arată că:

- trauma fragmentează percepția despre sine,
- blochează adaptarea și creează bucle de supraviețuire,
- corpul și mintea rămân „înghețate" în reacții de apărare (luptă, fugi, îngheață, supune-te).

Creierul, în loc să proceseze trauma ca eveniment trecut, o păstrează ca prezent activ.

- De aceea trauma doare și după 10 ani: pentru creierul tău, încă se întâmplă.

Observatorul – ieșirea din capcana temporală

Observatorul interior este prima instanță care poate spune:

- „Acest lucru a fost. Acum nu mai este. Îl pot privi fără să fiu el."

Este o recontextualizare a evenimentului.

Nu-l negi. Nu-l minimalizezi.

Doar îl vezi dintr-un spațiu unde nu mai ești prizonierul lui.

Exercițiul de schimbare a apartenenței

„Mută apartenența ta de la grupul unde ai fost rănit către ceva mai înalt. Când nu mai aparții traumei, nu o mai hrănești."

Această mutare conștientă este o formă de autonomizare sufletească.

Omul nu mai cere validare de la cel care l-a rănit.
Nu mai așteaptă dreptate de la sistemul care l-a zdrobit.
Ci își retrage energia din acel câmp și o duce într-un alt spațiu – al adevărului propriu, al iertării sau al verticalității.
Modalități concrete de folosire a Observatorului în traumă:

1.Auto-dialog compasional.
Ce i-ai spune unui copil care a trecut prin ce ai trecut tu?
Acum spune-ți ție, din Observator.

2.Rescrierea narativă a traumei.
Evenimentul a fost real. Dar interpretarea nu e definitivă.
Nu ai fost vinovat. Ai fost vulnerabil. Acum ești conștient.

3.Privirea corporală.
Unde simt trauma în corp? Ce vrea acea parte din mine să-mi spună?

4.Reconectarea cu sinele post-traumă.
„Cine sunt eu dincolo de această durere?"
Observatorul aduce această întrebare înapoi în câmpul psihicului.

Validări științifice:
• Internal Family Systems (IFS): observarea părților traumatizate → vindecare fără reactivare.
• EMDR: reconsolidarea amintirii traumatice cu ghidaj conștient.
• Somatic Experiencing: ieșirea din îngheț prin prezență conștientă în corp.
• Mindfulness-based Trauma Therapy: reduce activarea centrilor de frică.

Observatorul nu „șterge" trauma.
Observatorul șterge identificarea cu trauma.
O formă de înțelepciune:

Adevărata vindecare începe în clipa în care nu te mai temi să-ți privești rana.

Iar Observatorul este acea instanță care îți permite să o faci fără să o retrăiești.

Este ca și cum ți-ai spune:
- „Da, a fost. Da, m-a durut. Dar nu mai sunt doar acel om.

Sunt cel care vede acum, cu ochi limpezi, și decide ce vrea să devină."

2.5 – De ce refuză mulți accesul la Observator? – Frici, sabotorii și comoditatea suferinței.

Paradoxul suferinței este că, deși doare, mulți oameni aleg să rămână în ea.

Nu pentru că le place durerea, ci pentru că... îi cunosc regulile.

Pentru că suferința, în lipsa altor repere, oferă o formă de identitate.

- Observatorul interior este o eliberare – dar el vine cu responsabilitate.

Și responsabilitatea sperie.

1.Refuzul inconștient – mai sigur să reacționezi decât să privești

Mecanismele de apărare ne țin în zona familiară:
- Negare: „Nu e nimic de văzut în mine."
- Proiecție: „Celălalt e problema."
- Victimizare: „Eu nu pot face nimic. E vina lor."

Accesul la Observator cere ieșirea din aceste apărări.

Dar pentru mulți, acest pas este perceput ca o pierdere de protecție.

2.Biologia conservării – creierul evită disconfortul

Sistemul nostru nervos este programat să evite pericolul.
Iar introspecția profundă este percepută inițial ca „pericol psihologic".

„Dacă văd ce e în mine, va fi prea mult."

„Dacă recunosc ce simt cu adevărat, s-ar putea să nu mai pot funcționa."

Așadar, evitarea activării Observatorului devine un mecanism de protecție a echilibrului superficial.

Dar tocmai această evitare menține dezechilibrul profund.

3. Frica de a pierde „identitatea" suferindă.

Unii oameni au fost în durere atât de mult timp încât și-au construit o viață în jurul ei:
- roluri sociale („eu sunt cel rănit"),
- roluri spirituale („eu am fost trădatul, trezitul, salvatorul"),
- relații construite pe compatibilitate de traumă.

Activarea Observatorului presupune și dezidentificare de la acest sistem de validare.

Iar renunțarea la acest „eu cunoscut" este percepută ca o moarte simbolică.

4. Refuzul de a recunoaște simplitatea adevărului

„Oamenii resping ideea că pot alege să nu mai sufere pentru că ar însemna să recunoască faptul că nu au realizat asta mai devreme."

Această frază este o oglindă:

Nu e vorba doar de logică. E vorba de orgoliu, vinovăție, frică de adevăr.

Activarea Observatorului le scoate la suprafață pe toate.

5. Comoditatea inconștientă

A rămâne în suferință vine cu:
- absența asumării („e vina altora"),

- simpatie socială („săracul de el"),
- predictibilitate emoțională („știu cum să sufăr").

Toate acestea pot fi forme de confort mental.

Observatorul cere exact opusul:
- asumare,
- renunțare la milă,
- și explorarea necunoscutului interior.

Cod de ieșire: Nu e nevoie să fii pregătit. E suficient să fii sincer

Observatorul nu cere perfecțiune.

Nu cere pace deplină sau experiență spirituală.

Cere doar sinceritate radicală:

„Sunt aici. Nu știu tot. Dar sunt dispus să privesc."

Acesta este momentul de demontare a fricii și activare a martorului.

Adevărul interior nu doare.

Doare lupta cu el.

Final – Observatorul nu este un lux. Este o urgență.

Trăim într-o lume în care a nu vedea devine periculos.

Unde reactivitatea colectivă poate aprinde conflicte, depresii, prăbușiri.

Așadar, Observatorul nu mai este o unealtă de dezvoltare personală.

Este un mecanism de supraviețuire umană lucidă.

Și chiar dacă unii refuză să-l activeze...

Observatorul continuă să aștepte, tăcut, pregătit, viu.

2.6 – Observatorul și durerea colectivă – Cum simțim suferința lumii și cum ne poziționăm lucid.

În epoca rețelelor și hiperconectivității, nu mai suferim doar pentru ce trăim noi.

Suferim și pentru ce trăiesc ceilalți.

Durerea umană a devenit distribuită global, iar empatia – uneori – e copleșitoare.

Știrile, rețelele sociale, imaginile de război, crizele umanitare... toate trec prin noi ca printr-o membrană deschisă.

Și dacă nu avem Observatorul activ, această permeabilitate devine o rană cronică.

1. Durerea lumii este reală – dar nu este a noastră integral

Empatia este o funcție nobilă a ființei umane.

Dar empatia fără Observator devine contaminare.

Ajungem să purtăm suferințele altora fără discernământ, fără delimitare, fără filtru.

Psihologia modernă vorbește despre:
- burnout compasional (epuizare prin empatie),
- traumă vicariantă (luarea asupra ta a durerii celuilalt),
- co-dependență emoțională colectivă.

Observatorul este ceea ce ne ajută să simțim... fără să fim absorbiți.

2. Observatorul ca graniță interioară

Când Observatorul este activ:
- nu negi suferința celorlalți,
- dar nu o confunzi cu propria identitate,
- rămâi empatic, dar funcțional.

Spui: „Văd durerea ta. Simt cu tine. Dar nu devin suferința ta."

„Sunt aici. Nu plec. Dar rămân întreg."

Această formă de prezență lucidă este numită de unii autori compasiune conștientă – un amestec de deschidere emoțională și ancorare în sine.

3. Ruptura de simbioza universală

„Sursa profundă a bolii sociale este ruptura de simbioză: cu sine, cu ceilalți, cu natura."

Suferința colectivă nu este doar un efect al evenimentelor traumatice.

Este și o consecință a ruperii de ritmul natural, de sens, de legătură.

Observatorul, în această lumină, devine poartă de reconectare.

Nu simt durerea lumii doar ca victimă, ci ca parte vie care poate susține, echilibra, înțelege, ierta, vindeca.

4. Paradoxul empatiei – Suferința ca mijloc de reconectare umană

Timp de decenii, umanitatea s-a plâns de lipsa empatiei.

Copiii neînțeleși, bătrânii uitați, bolnavii izolați, cei diferiți respinși.

Toți au strigat, într-un fel sau altul:
- „Nimeni nu mă înțelege. Nimeni nu simte ce simt eu."

Și poate că, într-un mod brutal, dar simbiotic, Universul a răspuns!

A venit o criză globală – un val de depresii, anxietăți, frici generalizate.

A atins pe aproape toți.
- Nu mai ești singur în durerea ta.

Acum ți se poate răspunde: „Știu cum e. Și eu am simțit."

Aceasta este o formă paradoxală de unificare prin suferință.

O reconectare a speciilor umane printr-o traumă comună.
- Nu pentru că este ideală.

Ci pentru că era necesară pentru a naște ceva ce n-a mai existat:
- Empatie globală activă.

Confirmare conceptuală:
Empatia reală nu se naște din teorie, ci din recunoașterea unei trăiri comune.
Neuroștiința arată că:
• empatia cognitivă pornește din înțelegere, dar empatia afectivă profundă apare când am trăit ceva similar (Decety & Jackson, 2004).
Cu alte cuvinte: nu pot simți cu adevărat ceea ce n-am cunoscut.
Acum, milioane de oameni au cunoscut suferința emoțională profundă.
Și din acest sol al durerii comune, răsare posibilitatea noii empatii.

5.Tehnici de protecție lucidă a Observatorului.
• Vizualizarea de delimitare energetică:
- „Ce simt eu?" vs. „Ce vine din afară?"
• Ritualuri de descărcare zilnică:
- Scris, plâns conștient, rugăciune, contact cu natura.
• Declarații de autonomie:
- „Nu e al meu, dar nu rămân indiferent."
- „Simt, dar nu mă dizolv."

Final – Observatorul ca gardian al umanității tale
Trăim într-o lume care îți cere inima – dar dacă i-o dai fără discernământ, o frânge.
Observatorul este gardianul inimii tale deschise, care o protejează de colaps și o ține disponibilă pentru bine.
Durerea lumii nu trebuie să te închidă.
Dacă ești observator lucid, ea poate să te transforme în lumină.

2.7 – Observatorul și deciziile grele – Alegerea conștientă între frică și asumare

Fiecare decizie majoră din viața noastră vine cu o porție de disconfort.

Uneori chiar cu durere.

Dar nu durerea deciziei ne blochează – ci frica din spatele ei.

Adevărata suferință nu vine din alegere, ci din amânarea ei.

Din conflictul interior nerezolvat între ce simți și ce faci.

1. Observatorul – cel care vede conflictul.

În orice alegere dificilă există:
* o parte din tine care vrea schimbarea,
* și o parte care vrea să rămână în zona de confort.

Observatorul este punctul de unde poți vedea ambele tabere fără panică.

Poți recunoaște:

„Aici mi-e frică. Aici am dorință. Aici vine trecutul. Aici e viitorul."

Fără Observator, decizia devine un câmp de luptă intern.

Cu Observator, devine un spațiu de analiză lucidă.

2. Alegerea conștientă presupune curaj, nu certitudine.

Una dintre cele mai mari iluzii este aceea că:

„Nu aleg până nu sunt sigur."

Dar siguranța nu precede alegerea.

Alegerea vine prima. Siguranța vine după.

Observatorul interior te ajută să alegi chiar dacă încă tremuri.

Pentru că ai văzut cu claritate ce te ține și ce te cheamă.

3. Ce arată știința deciziei?

Psihologia decizională (Kahneman, Tversky) arată că:

- oamenii preferă decizii care evită pierderile, nu cele care aduc beneficii,
- creierul se activează mai intens în anticiparea riscului, nu în vizualizarea succesului,
- doar când intervine o instanță conștientă superioară (cortexul prefrontal), decizia devine rațională și nu pur reactivă.

Observatorul activează tocmai această instanță.

Te scoate din „ce mă sperie" și te aduce în „ce are sens pentru mine acum".

4. Frica – combustibilul vieții, nu inamicul deciziei.

Frica este interpretare:

„Frica nu este realitatea. Este interpretarea subconștientă a unui pericol."

Așadar, Observatorul nu anulează frica.

Dar o expune, o analizează, o demistifică.

Spui: „Îmi e teamă de ce se poate întâmpla."

Apoi întrebi: „Este pericol real? Sau doar un reflex moștenit?"

Această simplă întrebare poate schimba complet o decizie.

Frica nu este problema. Inconștiența față de frică este.

Frica este unul dintre cei mai vechi aliați biologici ai umanității.

Este sistemul de alertă care ne-a ținut în viață din epoca primitivă până azi.

Ne-a făcut să fugim din fața pericolului, să ne protejăm puii, să inventăm focul, uneltele, medicina...

Totul – în urma unei frici.

Frica conștientă este un supercarburant pentru acțiune.

Când e recunoscută, onorată, integrată, ea devine direcție și adrenalină constructivă.
Observatorul nu anulează frica.
O rafină. O transformă în energie aplicată.
Confirmare:
Psihologia sportivă, neurologia deciziei și terapia cognitivă pozitivă afirmă același lucru:
• frica activează creierul orientat spre acțiune,
• frica conștientizată crește performanța (până la un anumit prag),
• frica folosită în scop evolutiv devine catalizator, nu obstacol.
A fugi din fața fricii o amplifică.
A o privi și a acționa cu ea... te propulsează.
Astfel, în loc să ne temem de frică, putem spune:
„Îți mulțumesc că m-ai alertat. Acum mă mobilizez, nu mă paralizez."
Aceasta este arta deciziei conștiente:
Frica devine foc. Iar focul devine pas înainte.

5.Criterii aplicative pentru alegerea asumată
• Ce parte din mine cere această alegere? Ego? Frică? Inimă?
• Ce risc evit, dar ce pierd dacă evit?
• Ce variantă mă apropie de cine vreau să devin?
Observatorul oferă un plan vertical, nu doar orizontal.
Nu întreabă doar: „Ce e mai sigur?"
Întreabă: „Ce mă face mai viu, mai coerent, mai autentic?"

6.Concluzie – Decizia este o inițiere.
Fiecare alegere conștientă e un rit de trecere.
Treci dintr-un tu vechi, în altul nou.

Fricile tale vin cu tine – dar nu mai conduc.
Observatorul nu îți dă decizia.
Îți oferă claritatea să ți-o asumi.
Și astfel, chiar și atunci când doare, decizia devine un act sacru al evoluției.Nu pentru că e perfectă. Ci pentru că e aleasă cu prezență.

2.8 – Observatorul și spiritualitatea – Falsul eu și conștiința autentică

În multe tradiții spirituale, Observatorul interior este sinonim cu sinele divin, prezența, martorul tăcut sau lumina conștiinței.

Dar în lumea modernă, această funcție sacră a fost adesea înlocuită cu o mască – o formă de spiritualitate de suprafață, care întreține iluzia, nu trezirea.

Tragedia nu este că oamenii nu au acces la conștiință.

Tragedia este că se cred conștienți, dar trăiesc printr-un „eu" fals, spiritualizat doar în aparență.

1.Falsul eu spiritual – forma rafinată a ego-ului.
Ego-ul nu se teme de spiritualitate.
Dimpotrivă, o folosește ca decor:
• devii „vindecătorul" care nu s-a vindecat,
• devii „liderul de lumină" care fuge de umbră,
• devii „cercetătorul de adevăr" care evită sinceritatea.

Această formă de eu spiritualizat este mai periculoasă decât ego-ul brut, pentru că se ascunde în concepte înalte.

Observatorul autentic vede acest joc.

Și spune cu umilință: „Încă mă mințeam. Dar acum văd."

2.De la înțelegere la întrupare.
„Nu mai este vorba despre înțelegere. Ci despre întrupare."

Spiritualitatea nu este ce spui despre ea.
• Este ce faci când nimeni nu te vede.
• Este felul în care gestionezi un conflict,
• felul în care rămâi vertical în necaz,
• felul în care nu te separi de ceilalți pentru că te crezi „mai trezit".
Observatorul interior autentic nu separă, ci unește.
Nu judecă, ci privește.
Nu se crede „mai sus", ci mai responsabil.

3. Observatorul – puntea dintre uman și divin.

Observatorul este instanța prin care se face trecerea de la mintea egoică la mintea deschisă.

Este canalul prin care omul încetează să se creadă individ izolat și devine parte a conștiinței colective.

Când Observatorul este activ, omul nu mai spune:
„Eu sunt acest corp, aceste gânduri, aceste traume."
Ci spune:
„Eu sunt acela care trăiește toate acestea – dar nu se reduce la ele."

Aceasta este, în multe tradiții, definiția sufletului trezit.

Confirmări științifico-spirituale

Studiile moderne asupra experiențelor de transcendere (Harvard, Johns Hopkins):
• arată o activare profundă a cortexului prefrontal și a rețelei de introspecție,
• indică stări de non-dualitate, de identificare cu un întreg viu.

Aceste stări apar:
• în meditații profunde,
• în crize existențiale bine traversate,

- în experiențe de aproape-moarte sau în extaz mistic autentic.

Observatorul este pregătirea conștientă pentru acest tip de deschidere.

Final – Conștiința autentică nu are nevoie să se justifice
- Nu e nevoie să spui că ești „trezit".
- Nu e nevoie să demonstrezi „nivelul tău de vibrație".

Dacă Observatorul e activ, se vede.Se simte în vorbire, în privire, în calmul cu care nu mai reacționezi.Nu pentru că ești perfect, ci pentru că ești prezent.

Spiritualitatea autentică nu fuge de viață.O conține. O respiră. O iubește – așa cum este.Dar alegerea de a o transforma... este începutul libertății tale.

Această carte nu te ceartă pentru durerile tale. Te însoțește.Nu îți cere să te grăbești. Îți oferă o oglindă.În ea, vei vedea poate prima oară că nu ești doar rana, ci și puterea de a o privi.Căci în tine trăiește nu doar un suferind, ci un observator lucid, plin de compasiune.Iar din această privire... poate începe vindecarea.Nu ca magie. Ci ca adevăr recunoscut și onorat.Nu scriu aceste rânduri de pe un vârf neatins, ci dintr-o vale în care am știut ce înseamnă să strigi în tăcere.Observatorul nu este o poezie – este o necesitate.Într-o lume care ne învață să fugim, el este singurul care ne învață să stăm. Să privim. Să simțim fără să ne topim în durere.Dacă ești acolo unde doare, nu te rușina. Nu fugi. Privește.

Și amintește-ți: suferința nu este dovada că ai greșit. Este dovada că încă mai poți deveni.

Iar dacă ai citit până aici, înseamnă că în tine s-a trezit deja acel martor blând, acea lumină care știe că, dincolo de fiecare rană, pulsează o viață care te vrea viu.

Observă-te cu iubire. E primul pas către renaștere.

Capitolul 3

Mintea colectivă și condiționarea suferinței – De la moștenire la eliberare

3.1 – Între moștenire și repetiție: De ce suferim la fel ca strămoșii noștri.

Rețeaua invizibilă a credințelor moștenite
Mintea colectivă nu este o metaforă. Este o realitate funcțională.
Ea nu gândește, dar influențează cum gândim.
Nu simte, dar determină cum simțim.
Este acel strat subtil, invizibil, care leagă conștiințele individuale într-o rețea de credințe, reflexe și norme sociale, transmisă transgenerațional, întreținută cultural și modelată continuu de dinamica istorică și informațională.
Fiecare om se naște într-un spațiu mental deja structurat.
Înainte de a-și construi propria viziune, este locuit de poveștile neîncheiate ale celor dinainte.
Aceasta este mintea colectivă: un câmp de convingeri, frici și condiționări în care individul se formează – și din care se poate elibera doar prin conștientizare.
Suferința, în forma ei colectivă, este adesea rezultatul unei repetiții inconștiente.
Ne trezim trăind aceleași drame, purtând aceleași vinovății și luptând cu aceleași frici ca strămoșii noștri. Nu pentru că vrem, ci pentru că nu știm că avem de ales.
Mintea colectivă funcționează ca un nor informațional care păstrează traumele, credințele și tiparele trecutului.
Mintea colectivă ca program informațional

Mintea colectivă funcționează ca un cod social automat. Este suma:
• credințelor populare transmise fără filtrare critică („așa se face"),
• fricilor moștenite („asta nu se spune", „asta nu se atinge"),
• loialităților nevăzute („așa a fost și bunicul", „așa am fost crescuți").

Este un program în care suntem „scriși" înainte să începem să scriem în noi înșine.

Dar, la fel ca orice program, poate fi actualizat.

Așa cum în Prima Carte vorbeam despre „ieșirea din apartenența limitativă", aici extindem ideea: ieșirea din apartenența mentală colectivă, atunci când aceasta împiedică evoluția.

Criza ca punct de actualizare – și dovadă a simbiozei
Istoria omenirii este un lanț de crize și răspunsuri.

Dar dacă privim mai atent, vedem un tipar:
• Criza apare.
• Societatea intră în conflict, rezistență, suferință.
• Apoi apare necesitatea.
• Iar din ea, evoluția.

De fiecare dată, codul rezolvării a fost același: acceptare → normalizare → trambulină evolutivă.

Exemplu:
• În Evul Mediu, ciuma bubonică (moartea neagră) a distrus orașe, dar a forțat restructurarea igienei și a medicinei.
• În anii '80–'90, SIDA era echivalentul unei sentințe la moarte. Azi, cu tratamente și educație, a devenit o afecțiune gestionabilă.

• În pandemie, COVID-19 a provocat panică, dar a accelerat telemedicina, digitalizarea, reforma muncii și reevaluarea sănătății mintale.
Aceasta este simbioza crizei cu evoluția.
Fără presiune, sistemele nu se transformă.
Fără pierderi, conștiința colectivă nu se reactivează.
Acceptarea – prima verigă în adaptare
Ceea ce suferim azi nu este nou. Este o altă față a aceluiași proces.
Criza de acum – anxietățile, depresia, alienarea – sunt doar simptomul unei minți colective învechite, care trebuie actualizată.
Nu e prima oară când omenirea ajunge la limită.
Dar este prima oară când are atât de multă informație disponibilă pentru a se transforma conștient.
Și totuși, dacă refuzăm acceptarea, codul nu se activează.
Ne învârtim în suferință, în loc să începem recalibrarea.
Codul universal al evoluției
Din orice punct de criză colectivă, singurul drum sănătos este:
• Acceptare – Renunțarea la lupta cu realitatea.
• Normalizare – Înțelegerea faptului că procesul este firesc în dinamica vieții.
• Trambulină evolutivă – Alegerea conștientă a sensului și acțiunii, nu a fricii.
Acest cod se repetă indiferent de criză – biologică, economică, spirituală.
Mintea colectivă nu este de vină. Dar trebuie reprogramată.

Concluzie: Mintea colectivă este un spațiu pe care îl poți locui sau transcende

Fiecare dintre noi are două opțiuni:
* să fie o copie a ceea ce a moștenit,
* sau să fie o punte către ce poate deveni.

Observatorul interior este chemat aici să se extindă – nu doar asupra propriei suferințe, ci și asupra programelor colective pe care le rulăm fără să le știm.

Doar așa putem construi o minte colectivă nouă – una conștientă, empatică, vie.

3.2 – Programele sociale și neuroplasticitatea suferinței – Cum devine norma durerea transmisă.

Creierul uman este extrem de plastic – ceea ce înseamnă că se poate adapta, dar și condiționa ușor. Societatea a programat generații întregi în paradigme ale suferinței, prin educație, religie, familie. A fi martir, a te sacrifica, a îndura – au devenit semne de „virtute" culturală, nu simptome de dezechilibru psihic. Această programare se transmite prin limbaj, comportamente și așteptări sociale, formând un mediu informațional care modelează structura neuronală.

Puține lucruri sunt atât de adânc impregnate în cultura umană precum normalizarea suferinței.

De-a lungul istoriei, durerea a fost nu doar acceptată, ci valorificată social: ca probă a maturizării, ca test al credinței, ca dovadă de apartenență și loialitate.

Suferința n-a fost doar tolerată. A fost predată.

În multe familii, generații întregi au învățat că a fi „om serios" înseamnă:
* să înduri fără să te plângi,

- să sacrifici fără să întrebi,
- să suferi „pentru binele tuturor".

A cere ajutor, a spune „nu mai pot", a exprima o emoție profundă era considerat slab, nepotrivit sau rușinos.

Astfel, suferința a devenit o formă de statut invizibil, transmisă prin educație, limbaj, religie și structură socială.

Culturile durerii – ce învățăm fără să știm
- „Taci și înghite."
- „Așa e viața."
- „Toți suferim."
- „Numai cine trece prin iad știe să trăiască."

Acestea nu sunt doar expresii. Sunt coduri culturale.

Ele apar în:
- povești și basme („eroul suferă 99 de zile ca să merite fericirea"),
- ritualuri de inițiere („băiatul adevărat nu plânge"),
- mituri religioase (păcat, ispășire, sacrificiu ca mântuire),
- și în structura inconștientă a limbajului de zi cu zi.

Așa s-a format un program: „doar prin suferință evoluezi."

Legătura cu Prima Carte: de la alegerea suferinței la alegerea conștiinței

În Prima Carte, s-a afirmat clar:

„Suferința nu este cauzată de evenimentul în sine, ci de alegerea conștientă sau inconștientă de a rămâne în acea stare."

Această idee este un cod de ieșire.

Pentru că dacă suferința este învățată, poate fi și dezvățată.

A recunoaște că suferim culturalizat nu înseamnă să minimalizăm durerea.

Ci să începem procesul de vindecare nu doar personal, ci

și generațional.

Cum devine durerea normă socială
• Este experimentată colectiv – într-un război, într-o criză economică, într-o dictatură.
• Este justificată de supraviețuire – „n-avem de ales", „trebuie să mergem înainte".
• Este transmisă ca exemplu de viață – „uite cum a rezistat bunicul!", „uite ce a îndurat mama!".
• Este interiorizată ca valoare – „suferința te face om", „cine nu plânge nu iubește".

Astfel, suferința devine nu doar o experiență, ci un model de identitate.

Știința confirmă: trauma se transmite dacă nu este procesată

Studiile de epigenetică și psihologie transgenerațională (Rachel Yehuda, Moshe Szyf, Gabor Maté) au demonstrat:
• trauma netratată afectează structura neurobiologică a urmașilor,
• stresul cronic se imprimă în reacțiile sistemului nervos,
• limbajul și obiceiurile de gândire perpetuează tipare de suferință.

Ce nu vindecăm, transmitem.

Cheia:
• nu respingem tradiția, dar o reformăm,
• cultura nu e inamic. E contextul.

Dar când contextul încurajează stagnarea în durere, Observatorul interior trebuie să intervină.

Avem dreptul să ne rescriem moștenirea.

Nu din revoltă, ci din iubire pentru generațiile viitoare.

Concluzie: Suferința poate fi onorată, dar nu idolatrizată

A spune „ajunge cu durerea transmisă" nu este un act de

trădare.
  Este o alegere de conștiință.
  Este decizia de a rupe un ciclu.
  Este refuzul de a construi sensul vieții pe jertfă perpetuă.
  Suferința poate fi profesor. Dar nu trebuie să devină religie.

   3.3 – Contagiunea emoțională – Cum suferința devine normă.
  Studiile de psihologie socială confirmă: emoțiile sunt contagioase. Un individ care trăiește într-un mediu în care suferința este omniprezentă ajunge să o internalizeze ca fiind normală. Tristețea devine familiară, furia – justificabilă, vinovăția – firească. Astfel, suferința nu mai apare ca un semnal de alarmă, ci ca un fundal existențial acceptat și perpetuat.
  În fiecare familie există povești nespuse.
  În fiecare popor – răni nevindecate.
  În fiecare generație – un bagaj psihologic transmis nu prin sânge, ci prin comportamente, frici, reacții și tăceri.
  Aceasta este moștenirea inconștientă: ceea ce primim fără să cerem, dar purtăm până alegem să eliberăm.
  Ce spune știința: epigenetica traumei
  În ultimele două decenii, epigenetica – știința care studiază cum factorii de mediu modifică expresia genelor – a confirmat ceea ce multe tradiții știau intuitiv: trauma se transmite.
  • Rachel Yehuda (Mount Sinai School of Medicine): copiii supraviețuitorilor Holocaustului prezintă niveluri modificate de cortizol și o sensibilitate crescută la stres, deși nu au trăit direct tragedia.

- Studiile din Olanda post-famine (1944–45): femeile însărcinate în acea perioadă au transmis urmașilor o predispoziție la tulburări metabolice și depresive.
- Experimente pe animale (Moshe Szyf, Michael Meaney): lipsa de îngrijire maternă modifică expresia genetică a receptorilor de stres și afectează comportamentul pe termen lung – transmis chiar și la generația a doua.

Trauma netratată nu dispare. Se transformă în reacție biologică și reflex emoțional în generațiile următoare.

Moștenirea psihologică: ce preluăm fără să știm

Pe lângă datele biologice, există o componentă subtilă, dar profundă:

- limbajul neprogramat – „ai grijă să nu...", „la noi în familie mereu...",
- reacțiile disproporționate – frici care nu par „ale tale",
- convingeri limitative – „banii sunt periculoși", „toți bărbații părăsesc", „nu merit iubirea".

Acestea sunt ecouri ale traumelor strămoșilor, care se manifestă ca și cum ne-ar aparține.

Când nu înțelegem ce simțim, e posibil să simțim ce nu e al nostru.

Identitatea conștientă vs. apartenența inconștientă

În Prima Carte apărea clar distincția:

„Aparțin unei surse infinite, nu doar unui trecut finit."

Această conștientizare este cheia ieșirii din moștenirea inconștientă:

Nu înseamnă să respingi familia.

Înseamnă să eliberezi linia familială de suferința repetitivă.

Este un act de iubire mai mare: nu preluarea durerii, ci transmutarea ei.

Cum se rupe lanțul?
• Recunoașterea tiparului – Ce gânduri/emoții nu par „ale tale"?
• Conștientizarea sursei – De unde poate proveni (istoric, familial, cultural)?
• Validarea suferinței – Acordă-i spațiu fără judecată.
• Ritual simbolic de eliberare – Scris, vorbit, gest fizic (scrisoare, ardere, meditație).
• Reprogramare activă – Înlocuiește reflexele moștenite cu alegeri proprii.

Moștenire sau destin?
Este o întrebare-cheie:
Ce port în mine: o poveste care se termină cu mine, sau o rană care caută vindecare prin mine?
Moștenirea inconștientă nu este o sentință.
Este o chemare la asumare.
Dacă știi că nu ești liber, ai deja prima treaptă spre libertate.
Concluzie: Tu poți fi începutul unui alt tip de moștenire
Fiecare alegere conștientă pe care o faci:
• de a nu repeta o furie,
• de a rupe un tipar,
• de a vorbi când ceilalți au tăcut,
...înseamnă o nouă direcție informațională în arborele tău genealogic.
Ești fiul unei istorii.
Dar și tatăl unei lumi noi.

3.4 – Suferința ca identitate: Când durerea devine „eu".
Una dintre cele mai subtile forme de captivitate psihică

este identificarea cu durerea. Nu mai spui „Am fost rănit", ci „Sunt o victimă". Această fuziune între identitate și experiență împiedică vindecarea, pentru că renunțarea la suferință pare echivalentă cu pierderea sinelui.

În multe comunități și familii tradiționale, suferința nu este doar tolerată – este glorificată. Ea devine un simbol al demnității, al tăriei de caracter, al „neplângerii". A spune „mă doare" echivalează cu a trăda. A spune „vreau să fiu bine" este o formă de rușine. În acest cadru, se formează cele mai adânci și mai periculoase dintre toate credințele: credințele limitative.

- „Fii ca mama, suportă ca tata, rabdă ca bunica."
- „Cine ești tu să vrei mai mult?"
- „Noi așa am fost, și uite că am trăit."

Acestea nu sunt simple vorbe. Sunt coduri informaționale livrate din generație în generație, fără conștiință, dar cu o forță aproape hipnotică. Creierul copilului, aflat în formare, le preia ca adevăruri de viață. Așa se nasc filtrele cognitive prin care, mai târziu, adultul interpretează realitatea. Nu ca pe o scenă deschisă, ci ca pe o cușcă cu gratii invizibile.

Neuroștiința atașamentului și loialitatea emoțională

Cercetările în neuroștiința atașamentului (Bowlby, Siegel, Fonagy) arată că relațiile primare (mamă, tată, bunici) sunt responsabile de crearea unor circuite de apartenență și siguranță. Dacă în copilărie ai primit iubire atunci când ai suferit (și ai fost respins când erai fericit sau liber), atunci creierul tău va asocia durerea cu acceptarea și iubirea.

Astfel, durerea devine o monedă de schimb afectivă.

Cu cât suferi mai mult, cu atât simți că ești „mai aproape" de cei dragi.

Cu cât ești mai bine, cu atât apare vinovăția: „îi las în urmă".
Aceasta este loialitatea invizibilă.
Psihologii transgeneraționali o numesc identificare proiectivă – tendința inconștientă de a repeta suferințele celor dragi, pentru a nu-i „dezamăgi". Nu conștient, ci printr-un contract nevăzut: „Suferința mea e dovada iubirii mele pentru voi."
Exemplu cultural: suferința ca virtute colectivă
În multe culturi est-europene, dar și în unele tradiții religioase, există ideea că fericirea este primejdioasă, trufașă, aproape păcătoasă. Omul „serios", „muncitor", „de nădejde" este acela care tace și îndură. Bucuria e suspectă. Libertatea e indecentă.
În unele comunități rurale, dacă cineva începe să prospere, ceilalți spun: „Ce-o fi făcut, de-i merge așa bine?"
Sau: „Nu se poate să fii fericit fără să fi vândut ceva din suflet."
Acest mecanism social menține status quo-ul suferinței. Dacă încerci să ieși din el, vei simți opoziția nu doar a propriei conștiințe, ci și a celor din jur. Ești perceput ca un trădător al „liniei familiale". Astfel, suferința nu mai e o stare trecătoare, ci o normă de apartenență.
Unde intervine Observatorul interior?
În acest context, rolul Observatorului devine crucial. El este singura instanță din tine care poate spune:
• „Asta nu e iubire, e loialitate inconștientă față de durere."
• „Pot iubi strămoșii mei fără să le repet suferința."
• „Pot onora trecutul fără să-l transform în viitorul meu."

Observatorul aplicat permite distanțarea empatică: vezi povestea, dar nu mai ești captivul ei. Poți spune: „Te iubesc, dar aleg să mă vindec." Este cea mai mare formă de respect – pentru ei și pentru tine.

Cheia eliberării: transformarea loialității în recunoștință activă

A fi loial suferinței nu aduce onoare nimănui. A fi recunoscător pentru ce au trăit înaintașii tăi, în schimb, poate deveni baza unei noi construcții. Nu mai repeți trauma lor, ci le continui visul: acela de a trăi mai bine, mai liber, mai viu.

- „Suferința lor a fost începutul. Eu pot fi continuarea vindecării."
- „Durerea lor a fost inevitabilă. Fericirea mea este posibilă."

Concluzie:
Nu există eliberare fără observare.

Nu există libertate fără dezactivarea loialității inconștiente față de suferință.

Și nu există iubire reală față de ceilalți dacă nu începe cu o formă matură de autocompasiune lucidă.

3.5 – Moștenirea transgenerațională și epigenetica durerii.

Epigenetica a demonstrat că traumele nu se transmit doar prin educație, ci și prin codul genetic. Modificările epigenetice cauzate de stres sau suferință pot influența expresia genelor în generațiile următoare. Poți simți frica unui bunic care a trăit războiul, chiar fără să cunoști povestea.

Un paradox dureros, dar universal: promitem că nu vom fi ca părinții noștri, dar ne trezim comportându-ne exact ca ei. Cu toată voința conștientă, cu toate jurămintele de independență, cu toate revoltele de adolescenți, într-un moment critic, ne auzim spunând... exact aceleași cuvinte. Acționând exact la fel. Trăind același tip de relații. Aceeași rușine. Aceeași frică. Aceeași furie.

Cum e posibil ca ceea ce respingem cel mai mult să ne ghideze comportamentul?

Cum de programul respins devine program trăit?

Originea biologică – conservarea tiparelor în memorie implicită

Creierul uman, în special în primii ani de viață, funcționează într-o stare de absorbție hipnotică (undele cerebrale theta predominante). În acest context, toate experiențele trăite devin matrițe neuronale. Nu doar ce ți s-a spus, ci cum s-au simțit părinții tăi lângă tine. Ce-au transmis prin ton, postură, reacții, miros, tăceri.

Toate aceste coduri devin „programe de supraviețuire" pentru copil. Iar creierul, urmând principiul conservării energiei, nu va căuta soluții noi în fața stresului, ci va reactiva ce a învățat în primii ani. Acesta este substratul neurobiologic al repetiției programelor vechi.

De ce repetăm ce am jurat că nu vom face?

Pentru că promisiunea n-a fost însoțită de conștientizare și recalibrare neurologică. Ai jurat cu gura, dar creierul tău emoțional n-a fost rescris. Limbajul a fost rebel. Dar structura internă... docilă vechiului model.

Mai mult decât atât, apare un fenomen numit identificare compensatorie: dacă nu am iubit sau iertat pe deplin un părinte, riscăm să-i reluăm povestea pentru a o înțelege „din interior" și a-i justifica suferința.

Ceea ce nu am integrat, ne va conduce.

Ceea ce am respins fără vindecare, vom ajunge să trăim ca lecție.

Simbioza programelor – când eul și povestea altuia devin una.

Termenul de simbioză descrie o relație biologică de interdependență. În psihologie, vorbim de o simbioză inconștientă: adică o preluare atât de profundă a unei identități externe (părinte, cultură, religie), încât nu mai știm ce este „al nostru" și ce este „programat".

Copilul care a văzut un tată agresiv sau o mamă umilită nu preia doar trauma, ci și strategiile lor de adaptare. Mai târziu, chiar dacă le condamnă, tot la ele va apela instinctiv.

Exemplu concret:

Un bărbat care a suferit din cauza unui tată autoritar promite că va fi un tată blând.

Dar când copilul lui îl provoacă și-l ignoră, se activează trauma veche.

Se simte iar mic, nevăzut, neputincios.

Într-o fracțiune de secundă, ridică tonul.

Și tatăl din el preia controlul.

Nu pentru că vrea. Ci pentru că nu a conștientizat rana. Nu a înțeles rădăcina reacției. A reacționat, nu a ales.

Cum ieșim din simbioza programelor?

• Observare fără vină – Nu ne condamnăm pentru repetarea tiparelor, ci le privim cu luciditate.

• Identificare a sursei – Întrebarea-cheie este: „Cui aparține acest tipar?" – mie, mamei, tatălui, bunicului?

• Separare prin înțelegere – Înțeleg că am preluat acel program nu din prostie, ci pentru a supraviețui sau a fi iubit.

• **Rescriere conștientă** – Aici începe procesul activ de reprogramare: aleg un alt răspuns. Încă de azi. Încă de acum.
Reflecție finală:
A rămâne în programul străin este o formă de somn spiritual.
A ieși din el este un act de iubire conștientă – pentru tine și pentru toți cei care vor urma.

3.6 – Cercul fricii: Între adaptare și prizonierat mental.

Frica este un mecanism natural de supraviețuire, dar în exces, devine un mecanism de control colectiv. Frica de a nu greși, de a nu fi respins, de a fi pedepsit – toate acestea au fost cultivate sistematic de generații întregi. Astfel, frica nu mai este un avertisment, ci o stare de fond.

Există o turmă tăcută care nu paște iarba câmpurilor, ci rumegă gânduri, frici și suferințe în buclă. Este turma mentală, emoțională, ideologică – aceea în care omul devine ecoul altora, nu vocea lui.

Când o societate suferă colectiv, devine periculos să nu suferi.

Când o comunitate se teme, e suspect să fii curajos.

Când toți se supun, rebeliunea arată ca nebunia.

Aceasta este puterea minții colective: ea nu te forțează direct, ci te face să simți că nu ai de ales. Că dacă ai alt ritm, alt ton sau alt vis, ești greșit. Așa ajungem să rămânem în suferință nu pentru că ne face bine, ci pentru că ne face acceptați. În interiorul turmei, durerea e validare, iar vindecarea – trădare.

Mecanismul neurologic al conformismului:
Creierul uman este o ființă socială.

Neuronii oglindă,descoperiți de Rizzolatti în anii '90, arată că empatia și imitarea sunt automate – în special în prezența unui grup.
- Dacă majoritatea se încruntă, te încordezi și tu.
- Dacă toți fug, alergi și tu.
- Dacă toți suferă... începi să te simți vinovat că nu suferi.

În plan profund, turma creează siguranță, dar și standardizează reacția. Astfel, dacă în jurul tău toți sunt deprimați, e aproape imposibil – fără Observator activ – să nu preiei același ton interior. Nu ca alegere, ci ca adaptare. Când supraviețuirea pare a depinde de conformitate, adevărata libertate este percepută ca o amenințare.

Exemplu: Turma suferinței post-pandemie

În perioada post-COVID, s-a observat un fenomen subtil: persoanele care se simțeau bine erau marginalizate subtil sau făcute să se simtă vinovate. De parcă era rușinos să fii în echilibru, să ai claritate sau să nu te fi „frânt" în timpul crizei.

Această normare a suferinței colective este o formă de presiune psihologică:
- „Dacă nu suferi cu noi, nu ești de-al nostru."
- „Dacă nu cazi, nu ești uman."

Iar omul, ființă tribală profundă, preferă uneori suferința cu grupul decât vindecarea în izolare.

Primul pas: ieșirea emoțională, nu fizică

Ieșirea din turmă nu înseamnă neapărat să pleci fizic. Poți fi în familie, în comunitate, la muncă, dar să îți recâștigi autonomia interioară. Să nu mai preiei automat suferințele altora. Să nu mai spui „așa e la noi", ci să te întrebi: „E așa și în mine?"

Aceasta este ieșirea reală: o disidență emoțională tăcută, dar radicală. O reprogramare a reflexului de a simți ca toți ceilalți. Nu e o izolare, ci o recalibrare.

Rolul Observatorului în dezlipirea de turmă

Observatorul interior este unealta care îți permite să simți fără să devii. Să empatizezi fără să te dizolvi. Să fii în lume, dar nu absorbit de ea.

- Poți vedea frica din jur fără să fugi.
- Poți auzi tristețea generalizată fără să te cufunzi în ea.
- Poți înțelege haosul fără să-l porți în tine.

Această distanțare conștientă nu este indiferență. Este iubire lucidă: vezi mai clar și alegi mai bine. Te faci disponibil, dar nu vulnerabil în exces. Devii liber.

Concluzie: Libertatea interioară începe prin renunțarea la mimetism

Ieșirea din turmă nu e un act de respingere a lumii. E un pas înspre propria voce. Înseamnă să spui:
- „Mulțumesc că mi-ați arătat cum arată durerea colectivă. Acum aleg să merg mai departe."
- „Nu mă voi rupe de voi, dar nici nu mă voi rupe pe mine pentru a vă aparține."

3.7 – Învățare socială și repetiție inconștientă.

Psihologul Albert Bandura a demonstrat prin teoria învățării sociale că oamenii învață prin observare și imitație. Dacă am crescut într-un mediu în care durerea este normă, ne vom conforma inconștient acelui model, chiar dacă suferim. Repetăm ce am văzut, nu ce este sănătos.

Cazuri și exemple – Oameni care au rupt cicluri

Teoria este valoroasă. Înțelegerea – esențială. Dar ce transformă cu adevărat un om este exemplul viu. Când cineva rupe un ciclu vechi, nu doar pentru sine, ci pentru generațiile următoare, se produce o fisură în turmă, un act de curaj colectiv, chiar dacă aparent individual.

1. Femeia care a spus „Eu nu mai țip".

Crescută într-o familie unde furia era singurul mod de comunicare, Maria a jurat că nu va fi ca mama ei. Dar la primul copil, a repetat tiparele: țipa, controla, amenința. Într-o zi, copilul ei a plâns în tăcere, fără frică – ci cu rușine. A fost momentul trezirii.

A cerut ajutor. A început terapie. A învățat să respire înainte să răspundă.

După 3 ani, copilul a spus: „Mami, nu mai ești nervoasă ca bunica. Ești bună."

Nu doar Maria s-a vindecat. S-a rescris o linie.

2. Bărbatul care a spus „Eu nu mai muncesc până mor".

Trei generații din familia lui au muncit până la epuizare. Bunicul a murit în câmp, tatăl de infarct la 54 de ani. El, Andrei, era pe același drum. Când și-a văzut fiul adormit cu ochii deschiși de oboseală, a înțeles. A renunțat la jobul de corporație, a început o mică afacere cu lemn sculptat – visul lui din copilărie.

„Poate nu o să am averi, dar o să am respirație."

A rupt un program de sacrificiu inconștient și a înlocuit munca oarbă cu muncă vie.

3. Tânăra care a spus „Nu mă mai victimizez".

Ruxandra trăise toată viața cu eticheta „fata cu părinți divorțați și copilărie grea". Folosea această poveste pentru a justifica orice eșec: „Normal că nu-mi iese, uite viața mea!" La un curs de dezvoltare personală, a fost întrebată: „Ce ai face dacă n-ai mai avea voie să-ți spui povestea veche niciodată?"

A rămas tăcută. Și în acel gol, a ales.
A început să spună: „Am un trecut. Dar am și un prezent."
Azi lucrează cu adolescenți și îi învață să-și rescrie narativul personal. A rupt un cerc de autocompătimire moștenit din familie.

4. Bătrânul care a spus „Mă iert pe mine".

Dumitru, 78 de ani, fost miner, 5 copii, o viață de tăcere și amărăciune. Când l-a vizitat terapeutul comunității pentru o simplă discuție, bătrânul a spus:

„Mi-am certat copiii toată viața ca să nu devină slabi. Acum nu mai vine niciunul la mine."

I s-a oferit o simplă cheie: „Nu e prea târziu să spui: iertați-mă. Și să vă iertați și dumneavoastră."

A început să scrie scrisori. A început să plângă. Copiii au început să răspundă.

Uneori, un program de generații se dizolvă într-o propoziție: „Mă iert."

El a făcut pace. Și prin el, s-a creat loc pentru o altă moștenire.

Reflecție

Ciclurile nu se rup cu arme. Se rup cu conștiință, decizie și curaj blând. Cu un nu rostit la momentul potrivit. Cu un da rostit inimii. Cu o lacrimă spusă conștient, nu doar simțită.

Acești oameni n-au schimbat lumea.

Dar au schimbat lumea din ei.

Și de acolo, ceva s-a propagat – tăcut, dar profund.

3.8 – Schimbarea apartenenței și eliberarea de moștenirea psihologică

Apartinerea nu este doar o legătură biologică sau

culturală. Este un program psihologic care ne determină reacțiile, suferințele și chiar bolile. Ceea ce am numit familie, neam, popor, religie, identitate – toate acestea sunt forme de apartenență. Iar fiecare dintre ele conține coduri informaționale care, odată preluate fără filtrare, pot deveni surse de stagnare, durere sau chiar autodistrugere.

A te întreba „De ce sufăr?" este primul pas. A descoperi că suferința nu-ți aparține – ci a fost moștenită inconștient – este începutul eliberării.

Aparținem adesea unor traume care nu ne mai reprezintă, dar pe care le purtăm din loialitate. Ne simțim obligați să suferim ca mama, să repetăm greșelile tatălui, să nu ne bucurăm dacă frații noștri sunt triști.

Astfel se formează o identitate dureroasă: Eu sunt cel care duce mai departe durerea altora, pentru a fi acceptat.

Această formă de apartenență inconștientă este printre cele mai subtile și periculoase cauze ale nevrozelor moderne. De ce? Pentru că pare iubire, pare fidelitate, dar este o pierdere de sine.

Crizele globale și resetarea apartenenței

Crizele globale din ultimele decenii (pandemii, războaie, colapsuri economice) au dezrădăcinat sistemele tradiționale de apartenență. Nu mai știm cine suntem pentru că ceea ce am moștenit nu mai funcționează.

• În trecut, dacă erai bolnav de SIDA – erai condamnat. Dacă aveai „buba neagră" – erai izolat. Azi, acele crize sunt gestionate. De ce? Pentru că o masă critică de conștiință a recunoscut necesitatea de a evolua.

Așa se întâmplă și acum: crizele actuale ne forțează să ieșim din apartenențele vechi, dureroase sau disfuncționale, și să ne reînscriem în structuri informaționale superioare – în

acord cu o conștiință mai înaltă.
   Un exercițiu simplu propus în Prima Carte
   Închide ochii și întreabă-te: „De cine sau de ce mă simt legat acum cu toată ființa mea?" Apoi observă dacă această legătură îți aduce pace sau durere. Dacă simți durere, spune: „Aleg să aparțin adevărului, luminii, conștiinței universale."
   Această alegere conștientă nu rupe legăturile cu trecutul, dar dizolvă obligațiile de a suferi în numele lui. E o formă de resetare profundă a apartenenței.
   Coduri de reprogramare moștenite din Prima Carte:
   • Pot respecta rădăcinile mele fără să port suferințele lor.
   • Aleg să transform durerea moștenită în compasiune, nu în replică inconștientă.
   • Apartenența conștientă este o alegere, nu o pedeapsă biologică.
   Metode precum IFS (Internal Family Systems), EMDR și Somatic Experiencing confirmă științific faptul că observarea unei traume fără a te identifica cu ea este cheia ieșirii din moștenirea dureroasă.
   Nu trebuie să negi de unde vii. Dar poți alege în ce direcție mergi. Adevărata simbioză începe în clipa în care nu mai aparții durerii, ci adevărului tău profund.

3.9 – Cod de dezactivare – Cum ne eliberăm de „moștenirea dureroasă" fără a respinge trecutul.
   Moștenirea psihologică nu este o condamnare, dar devine una dacă nu e conștientizată. Durerea transmisă din generație în generație nu este o pedeapsă, ci un mesaj nedezlipit de conținutul său inițial. Atunci când repetăm inconștient suferința părinților, bunicilor sau culturii în care am crescut, devenim prizonierii unui cod pe care îl putem

dezactiva doar prin înțelegere profundă – nu prin revoltă.

A te elibera de moștenirea dureroasă nu înseamnă să-ți respingi rădăcinile. Înseamnă să-ți asumi libertatea de a alege altceva decât durerea.

Este un cod simplu în teorie, dar profund în practică:

1.Observare fără identificare – „Aceasta este o suferință care există în mine, dar nu mă definește."

2.Validare fără condamnare – „A fost reală, a fost grea, dar nu mai e a mea."

3.Separare fără ură – „Pot să mă despart de o traumă fără să disprețuiesc pe cei care au transmis-o."

4.Alegere activă a unui nou program – „De azi, aleg să trăiesc conștient, nu repetitiv."

În neuroștiință, acest proces este susținut de activarea cortexului prefrontal, responsabil cu reflecția și deciziile de nivel superior, care poate inhiba impulsurile automate ale amigdalei. Totodată, prin repetarea conștientă a noilor alegeri, se formează noi circuite neuronale – baza biologică a eliberării.

În Prima Carte, apărea clar ideea: „Aparțin Creatorului, nu durerii." Această reorientare a apartenenței este cheia dezactivării moștenirii dureroase. Când transferi loialitatea ta de la suferința neamului la adevărul propriei ființe, declanșezi resetarea profundă.

Exercițiu practic:

Scrie pe o foaie:
- Ce am moștenit și mă doare?
- Ce nu vreau să mai duc?
- Ce aleg să creez în loc?

Apoi, arde foaia sau rupe-o în bucăți. Nu pentru a fugi de trecut, ci pentru a marca alegerea ta de a construi altceva.

Spune cu voce tare, încet, din inimă:
"Îți mulțumesc pentru tot ce ai trăit înaintea mea.
Aleg să iau din tine puterea, nu suferința.
Aleg să merg mai departe fără să mă pierd în ce a fost.
Aleg viața, nu repetiția.
Aleg iubirea conștientă, nu durerea loială."
Nu există vindecare reală prin negare. Eliberarea autentică vine atunci când onorezi ce a fost, dar nu mai dai voie acelui trecut să decidă ce va fi.

Trecutul te poate forma, dar nu te poate închide – decât dacă îl faci tu prezent continuu.

3.10 – Observatorul și libertatea de a reinterpreta identitatea.

Suntem învățați, încă de mici, că „suntem ceea ce ni se întâmplă". Dar adevărul este invers: suntem ceea ce decidem să înțelegem din ce ni se întâmplă.

Această libertate – de a reinterpreta propria identitate – nu vine din luptă, ci dintr-un spațiu interior rar activat: Observatorul.

Este acel nucleu de luciditate care nu se identifică nici cu durerea, nici cu succesul, nici cu frica, nici cu dorința. Este martorul tăcut al întregii vieți interioare, capabil să vadă fără să judece, să simtă fără să se dizolve, să aleagă fără să se piardă.

Observatorul nu anulează emoția. Observatorul o conține, o reglează, o contextualizează.

Pentru că, fără el, fiecare emoție devine etichetă, fiecare gând devine verdict. Fără Observator, identitatea e un colaj de reacții automate.

Cu Observatorul activ:

- frica devine semnal, nu blocaj;
- rușinea devine lecție, nu eșec;
- trecutul devine informație, nu sentință.

Practica Observatorului interior este echivalentă cu ceea ce psihologia cognitivă numește de-fuzionare cognitivă – abilitatea de a separa gândurile de realitate.

În neuroștiință, activarea Observatorului implică:
- creșterea activității în cortexul prefrontal medial (reflecție, autoreglare),
- scăderea reactivității în amigdală (centrul fricii și reacției emoționale),
- consolidarea conexiunilor între insula anterioară și rețeaua de mod implicit – ceea ce duce la o mai bună conștientizare de sine și calm biologic.

Cu alte cuvinte: a te observa echivalează cu a-ți calma creierul și a-ți rescrie viața.

În Prima Carte, Observatorul era descris ca: „Punctul din mine care vede totul fără să se sperie. Care simte, dar nu fuge. Care poate da sens suferinței fără să o transforme în destin."

Această definiție revine aici, ca bază funcțională a reprogramării identității. Dacă pot să văd ce gândesc, ce simt și ce aleg, pot să intervin.

Pași concreți – Activarea Observatorului:
1. Respiră lent.
2. Întreabă-te: „Ce simt acum? Ce gândesc?"
3. Spune: „Nu sunt acest gând. Nu sunt această emoție. Le conțin."
4. Caută în tine punctul care privește fără să reacționeze.
5. Decide: Ce vreau să aleg acum, conștient?

Când Observatorul este activ:
- „Sunt un ratat." → devine → „Am trecut printr-un eșec. Pot învăța."
- „Sunt un om distrus." → devine → „Sunt o ființă în proces de vindecare."
- „Nimeni nu mă iubește." → devine → „Simt lipsa iubirii. Pot învăța s-o ofer și să o cer."

Acestea nu sunt afirmații motivaționale. Sunt transformări ale matricei interioare de percepție.

Identitatea nu e o etichetă pusă de ceilalți, nici un rol fix. Este un spațiu deschis, reprogramabil, în funcție de nivelul tău de conștiință.

Observatorul nu te izolează de lume. Te reconectează la tine, pentru ca apoi să te poți reconecta sănătos la ceilalți.

Capitolul 4

Anatomia credinței – Cum ne programăm și cum ne eliberăm

4.1 – Ce este o credință? – De la adevăr personal la program colectiv.

Credințele sunt fundamentul percepției noastre asupra lumii. Ele formează lentilele prin care vedem realitatea și acționăm în ea. O credință nu este doar o idee, ci un adevăr trăit, o propoziție profund înrădăcinată care influențează reacțiile, emoțiile și deciziile noastre zilnice.

Credința este un program mental care structurează realitatea interioară și exterioară. Ea nu spune doar ce gândim, ci cum vedem, cum simțim, cum alegem și cum trăim. Cu alte cuvinte, credința este lentila invizibilă prin care fiecare om își interpretează experiența.

Din punct de vedere psihologic, credințele sunt convingeri adânc înrădăcinate care determină automat modul în care evaluăm lumea. Nu sunt gânduri temporare, ci structuri stabilizate în memorie prin repetiție, emoție și validare socială. Odată formate, ele devin adevăruri subiective – adesea imposibil de pus la îndoială fără o criză de conștiință sau o revelație profundă.

Dacă un copil este crescut cu mesajul „Ești slab și nu vei reuși", va ajunge să creadă asta – nu pentru că e adevărat, ci pentru că acea propoziție s-a repetat suficient de des, în momente emoțional intense, din gura unei figuri de autoritate.

Aici intervine natura programatică a credinței: odată instalată, ea devine algoritm comportamental. Fără ca persoana să-și dea seama, fiecare alegere va fi influențată de acel cod. Va refuza oportunități, va accepta abuzuri, va rata șanse – toate pentru că „adevărul său" este deja scris în subconștient.

Ce spune știința?

Studiile de neuroștiință cognitivă arată că, atunci când o credință este activată, creierul tratează acea idee la fel cum tratează o experiență reală. Se activează aceleași circuite neuronale ca în cazul unei percepții directe. Așadar, credințele modelează realitatea biologică a individului – nu doar impresiile sale despre lume.

Mai mult, odată întărită prin validări repetate (ex. familie, societate, cultură), o credință se consolidează prin biasul de confirmare – tendința de a căuta și accepta doar informațiile care o susțin și de a respinge tot ce o contrazice.

Nu mai vedem lumea așa cum este. O vedem așa cum ne-am programat – sau am fost programați – s-o vedem.

De la individ la colectiv

Credințele nu apar doar la nivel personal. Ele se formează și în grupuri, devenind ideologii, doctrine, tradiții sau coduri culturale. Ceea ce într-o minte individuală este o convingere, într-o societate întreagă devine o normă. Astfel, credințele colective pot construi civilizații – sau le pot prăbuși.

În unele epoci s-a crezut că Pământul e plat, că sclavia este firească, că femeile nu au suflet, că anumite popoare sunt inferioare biologic. Toate aceste „adevăruri" au fost... credințe.

De aceea, credința nu este garanția adevărului, ci doar o măsură a loialității față de un program interior sau colectiv. Când o credință devine prea rigidă, ea nu mai protejează – ci limitează.

4.2 – Cum se formează o ideologie? – Adaptare, control și supraviețuire.

O ideologie este o rețea de credințe, reguli și simboluri care explică realitatea și ghidează comportamentele colective. Dacă o credință este un cod individual, ideologia este un sistem operațional colectiv.

Ea răspunde la întrebările fundamentale ale unei comunități:
- Cine suntem?
- Ce e bine? Ce e rău?
- Cine are dreptate?
- Cine trebuie ascultat?

Dar o ideologie nu apare din senin. Ea este rezultatul unui proces subtil de adaptare la contextul istoric, biologic și social în care trăiește o comunitate.

Rădăcina biologică: supraviețuirea

La origine, ideologiile au apărut ca mecanisme de protecție. În fața unui mediu ostil și imprevizibil, omul avea nevoie de repere: cine conduce, ce reguli urmează, care este explicația morții sau a suferinței. Ideologia umplea acest vid cu o poveste coerentă care ordona haosul.

O comunitate care crede același lucru devine mai ușor de coordonat, de motivat și de apărat. De aceea, ideologia nu este doar o formă de control, ci și o formă de coeziune funcțională.

În neuroștiință, această nevoie de „narațiune comună" este susținută de sistemul limbic, în special de amigdală și hipocamp, care caută sens și siguranță în tipare repetitive. Ideologia oferă exact asta: certitudini și apartenență.

Cum se instalează o ideologie?

• Prin repetiție și autoritate: Dacă un mesaj este repetat suficient de des, de către o sursă percepută ca legitimă (familie, profesor, preot, guvern), el devine „adevăr".

• Prin emoție: Evenimentele trăite intens (războaie, catastrofe, pandemii) devin fundamente fertile pentru noile ideologii. Frica accelerează acceptarea de noi coduri, pentru că sistemul nervos caută ordine imediată.

• Prin excludere: Cei care nu aderă sunt marginalizați. Ideologia se întărește nu doar prin adeziune, ci și prin opoziție față de non-adepți.

Istoria arată că orice ideologie tinde să își construiască nu doar o poveste, ci și un inamic. Inamicul întărește coeziunea internă.

Ideologiile ca instrumente de adaptare și de stagnare
Inițial, o ideologie ajută. Oferă claritate, sens, direcție. Dar odată ce devine dogmă, se transformă în barieră de evoluție.

Ceea ce te-a protejat într-o epocă, te poate bloca în alta.

Acesta este paradoxul ideologiilor: funcționează ca schele pentru o construcție mentală sau socială. Dar dacă nu le lași la timp jos, devin cuști.

În contextul actual, multe dintre crizele identitare, politice și sociale provin din coliziunea ideologiilor moștenite cu realitatea prezentului. Globalizarea, internetul și pluralismul valoric au accelerat confruntarea între idei vechi și nevoile unei umanități aflate în salt evolutiv.

4.3 – Programele mentale ca filtre ale realității – Avantajul sau capcana?

Fiecare om trăiește în propria realitate – nu pentru că lumea este diferită pentru fiecare, ci pentru că mintea filtrează diferit ceea ce percepe. Iar aceste filtre sunt exact programele mentale.

Un program mental este o combinație între o credință, o emoție recurentă și un tipar comportamental. El funcționează automat, inconștient, ca o aplicație rulată în fundalul conștiinței. Scopul său inițial este de adaptare: să reacționeze rapid, să evite pericolele, să economisească energie mentală. Dar exact această automatizare devine, uneori, și sursa durerii psihologice.

Nu reacționezi la ceea ce este, ci la ceea ce mintea ta a fost programată să vadă în acel lucru.

Ce spun studiile?

Neuroștiința cognitivă a demonstrat că majoritatea percepțiilor sunt prelucrate predictiv: creierul nu „vede" totul de la zero, ci anticipează pe baza experiențelor anterioare. Cortexul prefrontal creează modele, iar creierul le aplică aproape automat. Acest sistem permite eficiență – dar și autoamăgire.

Dacă ai fost rănit de autoritate în trecut, e posibil ca orice figură de autoritate să-ți pară ostilă. Nu pentru că este, ci pentru că programul tău proiectează acea interpretare.

Aceasta este capcana programelor mentale: confundăm proiecția cu realitatea. Iar suferința nu vine întotdeauna din lume, ci din modul în care lumea este tradusă în interiorul nostru.

Avantajul – Adaptarea rapidă

În condiții de stres sau urgență, programele mentale ajută: te protejează, te fac eficient, îți dau răspunsuri rapide. Ele sunt rezultatul unei înțelepciuni evolutive. De exemplu, frica de respingere te poate ajuta să te integrezi social, iar vigilența excesivă poate preveni pericole reale.

Dar când pericolul dispare și programul rămâne, încep blocajele.

Capcana – Rigidizarea percepției

Un program mental neatins de reflecție devine în timp o limitare. Nu mai vezi decât ce ți-a fost cândva „util" să vezi. Nu mai simți decât ce ți-a fost „sigur" să simți. Astfel, omul ajunge să trăiască nu viața sa, ci versiunea programată a vieții sale.

- Nu trăiești iubirea, ci te aperi de abandon.
- Nu explorezi potențialul, ci eviți greșeala.
- Nu ești prezent, ci rulezi o amintire mascată.

Ce este de făcut?

Primul pas este conștientizarea. A înțelege că nu toate gândurile sunt ale tale. Că nu toate reacțiile sunt despre prezent. Că o parte din „tu" este, de fapt, un software moștenit.

Observarea programului este începutul reprogramării. Așa cum ai învățat ceva cândva, poți învăța altceva acum.

4.4 – Credințele limitative și auto-sabotajul – De ce ne blocăm singuri?

O credință limitativă este o propoziție aparent banală care funcționează ca o sentință asupra propriei vieți. Este un gând repetat de atâtea ori, încât nu mai e pus la îndoială, ci trăit ca lege interioară.

Exemple:
- „Nu sunt suficient de bun."
- „Nu merit să fiu iubit."
- „Viața e grea."
- „Banii se câștigă doar cu sacrificiu."
- „Nimeni nu mă înțelege."
- „Dacă arăt cine sunt, o să fiu respins."

Aceste propoziții nu sunt simple idei. Ele devin decizii inconștiente, care reglează toate alegerile noastre, de la relații la carieră, de la sănătate la spiritualitate. Mai mult: ele creează auto-sabotajul – acel mecanism bizar prin care ne punem singuri piedici fără să vrem.

Cum funcționează?

Credințele limitative se formează în copilărie sau în contexte traumatice, atunci când o emoție puternică (rușine, respingere, umilință) nu poate fi procesată logic și este transformată în concluzie despre sine. Acea concluzie devine adevăr interior, iar creierul, prin biasul de confirmare, va căuta mereu dovezi pentru ea.

Dacă am fost respins de părinți în mod repetat, pot ajunge să cred că nu merit iubire. Apoi, aleg parteneri care mă resping sau resping eu iubirea – doar ca să confirm programul interior.

Studiile din psihologia cognitivă și teoria atașamentului confirmă acest proces. Mintea caută coerență, nu adevăr. Vrea să aibă dreptate, nu să se vindece. Astfel, inconștientul preferă să repete o suferință familiară, decât să riște o fericire necunoscută.

Tipuri de auto-sabotaj:
• Aleg relații care îmi întăresc sentimentul de nevrednicie.
• Evit succesul din frica de a nu-l pierde.
• Îmi impun limite financiare ca să nu „devin ca cei bogați".
• Îmi sabotez sănătatea pentru a primi atenție.
• Muncesc până la epuizare ca să dovedesc că exist.

Toate acestea vin dintr-un nucleu intern de convingeri despre cine cred că sunt... și cât cred că merit.

Epigenetica și moștenirea credințelor
Sunt cercetări emergente care sugerează că nu doar traumele se pot transmite transgenerațional, ci și predispozițiile spre gândire limitativă. Dacă o linie de familie a trăit generații de umilință, lipsă sau marginalizare, este posibil ca urmașii să dezvolte convingeri limitative fără experiențe directe, doar prin „atmosfera" psihică moștenită.

„Mie nu mi s-a întâmplat nimic rău... dar tot simt că nu valorez nimic." – este o frază des întâlnită în terapie. Ea semnalează moștenirea unui program dureros care nu a fost niciodată verbalizat, dar s-a transmis subtil.

Ce putem face?

1.Identificarea credinței: Care este propoziția limitativă pe care o port în mine?

2.Punerea sub semnul întrebării: Este absolut adevărată? Sau este o concluzie veche, bazată pe un context care nu mai există?

3.Rescrierea: Care este o credință alternativă, realistă, dar mai funcțională?

4.Practica: A trăi zilnic ca și cum acea nouă credință este posibilă.

Credințele limitative pot fi dezactivate nu doar prin înțelegere, ci prin trăire repetată în direcția opusă.

4.5 – Reprogramarea conștientă – De la gând la identitate funcțională.

Odată ce ai identificat un program mental disfuncțional, apare întrebarea esențială: Cum îl schimb? Nu doar în teorie, ci în mod aplicabil, stabil și coerent?

Răspunsul este: prin reprogramare conștientă. Adică printr-un proces sistematic de dezactivare a gândurilor automate și construire a unei noi identități bazate pe alegeri libere.

Reprogramarea mentală nu înseamnă să ne mințim sau să negăm ce am trăit. Înseamnă să recunoaștem ce am trăit, să înțelegem cum ne-a afectat, dar și să alegem ce vrem să trăim de acum încolo.

Exemplu:

„Am fost programat să cred că nu merit. Dar acum, aleg să învăț cum să simt că merit. Aleg să-mi dau voie să primesc altă experiență – o viață în care valoarea mea nu depinde de validarea altora, ci de propria mea conștiință."

Ce presupune reprogramarea?

Acest proces implică trei pași fundamentali:

1. Conștientizarea.

Este etapa în care devii Observator. Începi să recunoști când rulezi un program vechi:

• „Mă opresc dintr-un vis pentru că îmi vine în minte că 'nu se poate'."

• „Respinge cineva o idee a mea și simt imediat că 'nu valorez nimic'."

Este important să înțelegi că acel gând nu este realitatea. Este doar o rută neuronală repetată. Observarea repetitivă reduce din forța programului.

2. Alegerea conștientă a unei alternative.

Aici intervine imaginația creativă și neuroplasticitatea. Creezi o frază nouă, o imagine, o senzație asociată cu o identitate pe care vrei să o crești. Dar trebuie să fie:

• Clară

• Credibilă (nu minciună, ci posibilitate realistă)

• Repetată cu emoție

Exemplu:

- Vechi program: „Nu sunt în stare."
- Nou cod: „Am învățat din greșeli. Sunt capabil să cresc."
- Vechi program: „Dragostea doare."
- Nou cod: „Merit o iubire care vindecă."

3. Trăirea zilnică în acord cu noua credință.

Adevărata reprogramare nu se face doar cu afirmații, ci cu acțiuni mici și constante. Fiecare alegere care validează noul cod creează o nouă rețea neuronală. Fiecare pas în direcția aleasă devine o ancoră.

- Dacă ai spus că vrei să fii respectat, începe să nu mai tolerezi lipsa de respect.
- Dacă ai spus că meriți iubire, începe să iubești fără să aștepți să fii validat.

Ce spune știința?

Neuroplasticitatea este capacitatea creierului de a se reorganiza în funcție de experiență. Cercetări recente (ex. Norman Doidge, Jeffrey Schwartz) arată că gândirea conștientă și practica repetată pot modifica structura fizică a creierului.

„Gândurile creează rețele. Acțiunile le întăresc. Perseverența le stabilizează."

Aceasta este esența reprogramării.

Din gând în identitate

Scopul final nu este doar să ai gânduri noi. Ci să devii un tu nou.

Să nu mai spui „vreau să cred altceva", ci „trăiesc altceva".

Nu doar să repeți fraze pozitive, ci să fii expresia vie a acelui adevăr.

Aceasta este identitatea funcțională: un sine conștient,

eliberat de loialitatea față de trecut, înrădăcinat în alegeri prezente.

4.6 – Cazuri istorice și personale – Cum s-a schimbat lumea prin schimbarea credințelor

De-a lungul istoriei, fiecare salt major în conștiință a fost precedat de o schimbare profundă de credințe. Când o idee veche s-a prăbușit, o lume nouă a putut fi construită. Când un individ a rupt pactul cu o convingere disfuncțională, a dat drumul unei revoluții – interioare sau colective.

Cazuri istorice – Când s-a mutat axul lumii

• Galileo Galilei: A pus la îndoială dogma că Pământul este centrul universului. Pentru asta, a fost condamnat. Dar odată ce ideea s-a înrădăcinat, întreg modelul de gândire al umanității s-a reconfigurat: de la centrul static la universul în mișcare.

• Martin Luther King Jr.: A refuzat credința colectivă că rasa determină valoarea umană. A schimbat mentalitatea unei națiuni printr-o nouă credință colectivă: suntem egali în demnitate, indiferent de culoare.

• Nelson Mandela: A transformat o ideologie a răzbunării într-una a reconcilierii. După 27 de ani de închisoare, putea să susțină ura. A ales să creadă în vindecare. Și a creat-o.

• România 1989: În doar câteva zile, o întreagă credință despre autoritate, control și teamă s-a spart. Poporul a simțit că poate spune „Nu!". Asta a fost prima formă de reprogramare colectivă: din frică în acțiune.

În toate aceste cazuri, un nou tip de realitate a devenit posibil doar după ce credința veche a fost dezactivată.

Cazuri personale – Când omul decide să nu mai creadă în ce l-a rănit

• O femeie abuzată care decide că „merit iubire sănătoasă" – și rupe ciclul.
• Un copil crescut în sărăcie care aude în sine: „nu o să fii niciodată nimic", dar alege să învețe, să muncească și să-și creeze o viață nouă.
• Un dependent care decide că „pot fi liber" – și începe recuperarea.
• Un bătrân care a trăit o viață întreagă în frică de Dumnezeu... și la 70 de ani înțelege că Dumnezeu nu pedepsește, ci iubește.

Aceste transformări nu ajung în manualele de istorie, dar schimbă istoria invizibilă a umanității – pentru că fiecare om care se vindecă de o credință falsă vindecă o parte din conștiința colectivă.

Schimbarea credinței = schimbarea lumii
Nu putem schimba lumea fără să schimbăm credințele care o întrețin.

Lumea în care trăim este reflexia fidelă a ideilor în care am crezut destul de mult încât să le transformăm în instituții, relații și sisteme.

Când o credință se transformă în acțiune – și acțiunea în exemplu – atunci prinde contur o realitate nouă.

4.7 – Credință și neuroplasticitate – Ce spune știința despre transformare.

Mult timp, se credea că odată format, creierul uman este fix, iar tiparele lui – definitive. Dar cercetările din ultimele decenii au demonstrat contrariul: creierul este plastic, adică poate fi remodelat pe tot parcursul vieții. Acest fenomen poartă numele de neuroplasticitate și este baza științifică a posibilității reale de reprogramare mentală.

Schimbă-ți o credință – și îți schimbi arhitectura cerebrală.

Exersează zilnic o nouă interpretare – și îți rescrii reacțiile, emoțiile, deciziile.

Cum funcționează neuroplasticitatea?

Neuroplasticitatea este capacitatea neuronilor de a forma noi conexiuni sinaptice ca răspuns la experiențe, gânduri și învățare. Cu alte cuvinte:
- Repetiția creează rută.
- Atenția direcționată întărește acea rută.
- Emoția adăugată fixează acea rețea.

Dacă timp de 20 de ani ai gândit: „Nu sunt suficient", atunci acea propoziție are deja o autostradă neuronală în creierul tău.

Dar dacă începi să exersezi conștient gândul „Sunt valoros prin simpla mea existență", iar acest gând este asociat cu acțiuni reale și emoții autentice – încep să se formeze noi conexiuni.

Studiile arată că, după 21 până la 66 de zile de practică conștientă, un nou obicei mental devine dominant. Nu doar pentru că „crezi altceva", ci pentru că te-ai transformat biologic.

Ce spun cercetările?

• Dr. Jeffrey Schwartz (neuropsihiatru): A demonstrat că pacienții cu tulburări obsesiv-compulsive și-au redus simptomele prin „re-etichetarea gândurilor", adică prin schimbarea conștientă a interpretării lor.

• Dr. Norman Doidge (autorul „Creierul care se schimbă pe sine"): A documentat cazuri în care, prin exercițiu mental și intenție repetată, persoane cu leziuni neurologice severe și-au recăpătat funcțiile pierdute.

• Studiile de la Harvard: Arată că meditația regulată schimbă densitatea materiei cenușii în zonele responsabile de empatie, conștiință de sine și reglare emoțională – toate activate de gânduri și credințe pozitive, coerente.
Legătura credință–creier
Credințele nu sunt doar idei vagi. Ele sunt rețele neuronale active. Și așa cum orice rețea electrică poate fi redirecționată, și mintea poate fi reînvățată.
Ce crezi despre tine și despre lume devine felul în care îți funcționează creierul.
Și ceea ce exersezi devine... cine ești.
Neuroplasticitatea este dovada că schimbarea este posibilă nu doar moral sau filosofic, ci biologic și funcțional.

4.8 – De la loialitate la eliberare – Să nu-ți trădezi inima pentru un program moștenit.
Există în mulți dintre noi o loialitate invizibilă. Față de familie. Față de tradiție. Față de „așa se face". Față de povești care ne-au crescut – dar care nu ne mai hrănesc.
Această loialitate pare iubire. Dar uneori e o formă de frică. Sau de vinovăție. Sau de nevoia inconștientă de a nu-i dezamăgi pe cei care ne-au dat o identitate, chiar dacă aceea era una dureroasă.
• „Tatăl meu n-a avut nimic. Dacă eu reușesc, parcă-l trădez."
• „Toți din familia mea au fost victime. Dacă mă vindec, parcă nu mai aparțin."
• „La noi așa s-a făcut mereu. Cine sunt eu să schimb?"
Așa ajungem să fim loiali unor programe care ne-au rănit. Să păstrăm suferința ca pe o moștenire de onoare. Să

confundăm stagnarea cu respectul. Să trădăm propria viață ca să nu trădăm trecutul.

Psihogenealogia și loialitatea inconștientă

Psihoterapia transgenerațională arată că deseori ne purtăm nu doar propriile credințe, ci și pe ale strămoșilor noștri. Suntem loiali unor destine netrăite, unor traume nerostite, unor promisiuni uitate.

• Anne Ancelin Schützenberger, în lucrarea „Psihogenealogia", numește acest fenomen „sindromul aniversar": oamenii pot repeta inconștient evenimente dramatice din arborele genealogic la date similare, ca un ecou al trecutului.

• Bert Hellinger, prin constelațiile familiale, a observat că mulți oameni poartă suferința unui alt membru al familiei – fără să știe. Loialitatea invizibilă poate dicta alegeri, boli, eșecuri.

Dacă cineva din familie a fost exclus, trădat sau umilit, un alt membru poate simți inconștient că trebuie să-i „repare" destinul, chiar prin suferință proprie.

Când loialitatea devine trădare de sine

Loialitatea este valoroasă doar dacă susține viața, nu dacă o oprește.

Un program moștenit nu trebuie urmat orbește doar pentru că vine „din familie", „din religie" sau „din tradiție".

Tu ești expresia vie a unui lanț de ființe – dar ești și o verigă nouă, cu libertatea de a transforma.

• Nu-ți trăda inima pentru un program vechi.
• Nu-ți sufoca potențialul din rușinea de a fi diferit.
• Nu-ți opri lumina doar ca să nu deranjezi umbrele celor dinainte.

Eliberarea nu înseamnă lipsă de respect

Este chiar forma supremă de onoare.

Pentru că adevărata eliberare spune:
"Vă mulțumesc pentru ce ați fost. Vă onorez cu ceea ce devin."

4.9 – Cod de reprogramare – Gânduri care vindecă și gânduri care distrug.

Gândurile nu sunt doar cuvinte în minte. Ele sunt impulsuri electromagnetice care generează emoții, modifică chimia corporală și influențează alegerile de zi cu zi. Fiecare gând este o sămânță. Și în funcție de ce semeni... așa vei trăi.

Un gând nu te afectează pentru că există, ci pentru că îl crezi.

În acest sens, putem împărți gândurile în două mari categorii funcționale:

1. Gânduri care distrug:

Acestea nu sunt doar negative. Sunt gânduri care fragilizează, limitează, otrăvesc perspectiva și induc o stare de contractare a ființei.

- "Nu sunt suficient."
- "E prea târziu."
- "Nimeni nu mă vrea."
- "Viața e o luptă."
- "Nu am nicio șansă."
- "Sunt defect."

Pe plan biologic, aceste gânduri activează:
- Amigdala – frică, alertă, reacție de supraviețuire.
- Cortexul cingulat anterior – ruminație și durere psihică.
- Axul HPA – creșterea nivelului de cortizol, hormonul stresului.

Pe termen lung, acestea creează inflamație, anxietate cronică, epuizare și depresie.

A te gândi zi de zi că „ești un nimic" produce efecte reale în corp. Nu e metaforă. E știință.

2. Gânduri care vindecă:

Sunt cele care creează spațiu interior, acceptare, orientare spre soluție, reconectare cu sensul și cu viața.
- „Pot învăța din asta."
- „Nu sunt definit de trecut."
- „Sunt om. Și asta e destul."
- „Viața îmi oferă și surprize bune."
- „Încercările nu mă definesc. Mă pregătesc."
- „Nu trebuie să fiu perfect ca să merit iubire."

Acestea activează:
- Cortexul prefrontal – rațiune, reflecție, alegere.
- Sistemul parasimpatic – relaxare, regenerare.
- Oxitocina – conexiune, siguranță, deschidere.

Gândul coerent nu înseamnă gând pozitiv fals. Înseamnă adevăr viu și funcțional. Gândul care te așază, nu care te minte.

Cod de reprogramare zilnic

În fiecare zi, întreabă-te:
- Ce gând mă conduce azi? Este unul care mă limitează sau care mă susține?
- Este acesta adevărul absolut? Sau doar o interpretare veche?
- Ce alt gând, mai coerent și sănătos, pot alege?
- Ce acțiune mică pot face azi ca să ancorez acel gând în realitate?

Gândurile vindecă doar când devin obiceiuri trăite.

4.10 – Puterea conștientă de a alege ce crezi – Adevărul viu vs. Adevărul primit.

Fiecare om moștenește o poveste: despre lume, despre bine și rău, despre sine. Această poveste este alcătuită din credințe transmise – de familie, școală, cultură, religie, sistem. Ele vin la pachet cu identitatea și oferă un cadru de siguranță.

Dar vine un moment în care povestea moștenită devine prea strâmtă pentru sufletul tău. Un moment în care adevărul primit nu se mai potrivește cu adevărul viu din tine.

Atunci apare conflictul... și tot atunci apare libertatea.

Credințele nu sunt absolute. Sunt opțiuni.

Crezi ceea ce ți-a fost spus, sau ceea ce ai trăit.

Dar poți ajunge să crezi ceea ce descoperi conștient – nu doar ce ai fost învățat.

Adevărul nu se impune. Se revelează. Și se alege.

Aici începe maturitatea interioară: în momentul în care înțelegi că poți alege ce să crezi, iar prin asta poți alege cine devii.

De la gândire moștenită la gândire trăită

Credințele moștenite te fac să supraviețuiești.

Credințele trăite te ajută să creezi.

Și între cele două se află o decizie fundamentală: cine îți este autorul?

• Dacă trăiești doar pe baza trecutului, tu ești o copie.

• Dacă trăiești doar pe baza prezentului, tu ești un copil al contextului.

• Dacă trăiești prin alegere conștientă, tu devii autorul propriei ființe.

Adevărul tău viu se naște din experiență, introspecție și curajul de a renunța la minciunile familiare.

Credințele alese devin destin

Ce crezi azi... devine cum trăiești mâine.

Ce alegi să crezi despre oameni, îți va colora relațiile.

Ce alegi să crezi despre tine, îți va dicta deciziile.
Ce alegi să crezi despre viață, îți va contura sensul.
Așadar, nu e puțin lucru să-ți examinezi credințele. Este unul dintre cele mai sacre și transformatoare acte pe care le poți face.
Concluzie de capitol
Nu ești condamnat la ideile care ți s-au dat.
Nu ești obligat să trăiești o poveste străină.
Ai puterea conștientă de a alege ce crezi.
Și astfel, ai puterea de a rescrie nu doar viața ta, ci și lumea ta.

4.11 – Punctul Zero: Practica eliberării conștiente.

Ai învățat că nu ești condamnat la poveștile moștenite. Ai puterea de a alege ce crezi și cine devii. Acum, îți ofer un exercițiu simplu, dar profund, care te aduce la Punctul Zero – locul unde tiparele vechi se dizolvă, iar tu îți rescrii destinul. Această practică, inspirată din neuroștiință și din decenii de vindecare, te ajută să devii Observatorul propriei minți și să alegi un adevăr viu.

Când? În momente de blocaj, anxietate sau când simți că o credință veche îți fură libertatea.

Cât? 10 minute zilnic, timp de 7 zile.

Ce ai nevoie? Un caiet, un pix, un loc liniștit.

Pașii Punctului Zero

1.Pregătește-ți inima (2 minute)

Găsește un colț de liniște. Așază-te cu spatele drept, dar relaxat. Inspiră profund de trei ori, expirând lent. Observă-ți respirația ca pe un râu care curge fără grabă. Spune-ți în tăcere: „Sunt aici. Aleg să văd adevărul."

2.Privește umbra (3 minute)

Ia caietul și notează gândul care te ține pe loc. „Nu sunt suficient." „Trebuie să sufăr ca să fiu iubit." Scrie ce doare, fără să judeci. Întreabă-te: „E al meu acest gând sau l-am primit?" Notează orice amintire sau emoție care apare – o voce din copilărie, o rană nerostită.

3. Eliberează povestea (2 minute)

Privește ce ai scris. Șoptește-i cu blândețe: „Nu ești eu. Ești o poveste pe care o pot elibera." Rupe foaia sau ascunde-o într-un plic – un gest al despărțirii. Spune: „Îmi dau voie să fiu liber." Inspiră și simte un spațiu gol, dar calm, înăuntru.

4. Rescrie adevărul (3 minute)

Pe o foaie nouă, așterne o credință care te înalță: „Merit să fiu fericit." „Aleg iubirea care vindecă." Scrie-o de trei ori, cu voce, simțind fiecare cuvânt. Imaginează-ți viața trăită în acest adevăr: unde ești, ce faci, cine ești? Notează o frază: „Mă văd liber, zâmbind, în pace."

5. Ancorează cu recunoștință (1 minut)

Pune mâna pe inimă. Spune: „Mulțumesc fricii că m-a păzit. Mulțumesc mie că aleg să trăiesc conștient." Respiră profund de trei ori, simțind recunoștință pentru curajul tău. Păstrează foaia cu noul adevăr la vedere, ca o lumină zilnică.

Sfaturi pentru drum

• Fă acest exercițiu zilnic, 7 zile, la aceeași oră. Repetiția rescrie mintea.

• Dacă vin emoții grele, observă-le: „Văd această durere, dar nu sunt ea."

• Împărtășește cu un prieten sau terapeut pentru a întări schimbarea.

Ce vei descoperi?

După 7 zile, vei simți un spațiu de libertate între tine și vechile tipare. Anxietatea scade, deciziile devin mai clare, iar tu începi să trăiești ca autorul propriei vieți. Neuroștiința confirmă: prin observație și practică, cortexul prefrontal se activează, amigdala se liniștește, iar noile credințe devin rețele neuronale vii (vezi 4.7).

„Punctul Zero nu e o salvare. E o alegere. Tu decizi să nu mai porți suferința ca pe o lege."

Capitolul 5

Simbioza – Cheia ascunsă a eliberării interioare și a evoluției collective

5.1 – Ce este simbioza? – De la cooperare biologică la conștiință evolutivă
Simbioza nu este un moft ecologic sau o metaforă poetică. Este o lege universală a vieții. De la primele bacterii care au format celule eucariote până la relația dintre flori și polenizatori, viața a crescut prin colaborare, nu doar prin competiție.

În biologie, simbioza înseamnă interdependența dintre două organisme diferite care trăiesc împreună într-o relație ce le aduce beneficii reciproce. Dar acest model nu e rezervat doar naturii. Este fundamentul oricărei forme durabile de existență: socială, spirituală, economică sau informațională.

Simbioza este mecanismul subtil prin care viața alege cooperarea în fața distrugerii. Este răspunsul organic la haos: organizare prin legături, nu prin izolare.

De ce contează acum, mai mult ca oricând?

Omenirea a dus competiția până la epuizare: a resurselor, a psihicului, a sensului. Societățile moderne funcționează pe bază de fragmentare, separare, ierarhii impuse și comparații toxice. Rezultatul? O criză existențială globală.

De la supraviețuire la coevoluție

Modelul dominant al secolelor trecute a fost „supraviețuiește cel mai adaptat" (Darwin). Dar biologia modernă arată că „supraviețuiește cel mai cooperant". Speciile care învață să coevolueze – să crească împreună – sunt cele care rezistă și evoluează.

Simbioza înseamnă:
• Eu cresc pentru că tu crești.
• Mă dezvolt fără să te distrug.
• Mă vindec fără să te învinovățesc.
• Construiesc cu tine, nu împotriva ta.

Aceasta este o nouă paradigmă. Nu doar de gândire, ci de funcționare.

Simbioza ca frecvență informațională

În Prima Carte, am definit simbioza și ca un câmp de frecvență. Cu cât un individ este mai conștient de interdependența sa cu ceilalți și cu Universul, cu atât frecvența sa crește – de la 3 MHz (nivel de supraviețuire) la 13 MHz (nivel de colaborare evolutivă).

Acum, în A Doua Carte, simbioza devine soluție practică:
• În educație – unde profesorul nu impune, ci co-creează.
• În sănătate – unde medicul și pacientul colaborează, nu se află pe poziții de putere.
• În economie – unde profitul nu e mai presus de binele comun.
• În spiritualitate – unde nu există „adevăr unic", ci armonizarea diversității.

Simbioza este cheia ascunsă tocmai pentru că nu e spectaculoasă. Nu urlă, nu cucerește, nu epatează. Dar hrănește, vindecă, transformă. Este soluția care nu domină – ci regenerează.

5.2 – Simbioza ca lege universală – De la biologie la cultură.

Simbioza nu este doar un concept spiritual sau filosofic.

Este o lege universală, vizibilă în fiecare celulă, ecosistem și formă de viață care a evoluat vreodată. De la cele mai simple bacterii la societățile umane, cooperarea, interdependența și schimbul de informație stau la baza echilibrului și progresului.

În biologie, simbioza desemnează relația de conviețuire între două sau mai multe organisme diferite, în care fiecare are de câștigat. Uneori, câștigul este evident (ex. polenizarea dintre flori și albine); alteori, e subtil, interior, energetic. Dar mereu există un flux bidirecțional – un dans invizibil în care fiecare își reglează mișcările în funcție de celălalt.

Această lege se aplică și în cultură, economie, educație, comunicare. O societate în care indivizii nu colaborează, nu împărtășesc și nu contribuie este o societate bolnavă – indiferent câte resurse, diplome sau clădiri ar avea. Dacă simbioza se rupe, apar dezechilibrul, criza, colapsul. Dar dacă este restaurată – viața reintră în flux.

Simbioza nu este o opțiune. Este un cod al vieții.

Chiar și corpul uman este un exemplu perfect de simbioză: miliarde de bacterii din intestin ajută digestia; neuronii comunică într-o cooperare fluidă; fiecare organ lucrează în armonie cu celelalte. Nu trăim pentru că luptăm între noi în interior. Trăim pentru că totul colaborează. Supraviețuirea nu vine din izolare, ci din integrare.

La nivel social, simbioza înseamnă capacitatea de a vedea în celălalt un aliat în devenirea ta. Înseamnă să înțelegi că nu poți fi cu adevărat bine dacă ceilalți sunt rău. Nu poți evolua sustenabil dacă mediul, comunitatea și planeta sunt în derivă. Pandemia, războaiele și crizele recente repetă această lecție – dar mulți încă refuză să o audă.

Cultura separării a eșuat. Viitorul aparține simbiozei.

Cultura bazată pe competiție, frică, putere și dominație este pe moarte. Vedem asta în burnoutul colectiv, criza sănătății mentale, deconectarea afectivă tot mai răspândită. Nu mai putem merge înainte cu modelele vechi de „eu contra celuilalt". Celălalt nu e dușmanul. Este o extensie a ta, într-un alt trup, cu altă poveste. Simbioza presupune să recunoști acest adevăr – nu doar intelectual, ci existențial.

Când ne reîntoarcem la simbioză, ne reîntoarcem la viață.

Un om simbiotic nu e slab. E matur. E conștient de propriile nevoi, dar și de impactul asupra celorlalți. Nu fuge de sine, dar nici nu se închide în sine. Este prezent, deschis și gata să transforme frica în colaborare, separarea în punte, conflictul în învățare.

Simbioza ca lege universală ne cheamă să regândim totul: de la relațiile personale la politicile publice, de la educație la leadership. Este o reprogramare a întregului ADN social și individual.

5.3 – Criza rupturii – Ce se întâmplă când simbioza dispare.

Oamenii nu se nasc fragmentați. Se fragmentează. Sub impactul fricii, traumei sau programării sociale, omul se rupe de sine, de ceilalți și de realitatea vie a lumii. Așa începe ruptura de simbioză – și, odată cu ea, criza profundă a ființei umane.

Ruptura de simbioză este pierderea fluxului. A coerenței. A apartenenței sănătoase. Este acel moment în care individul sau societatea nu mai simte că aparține unui întreg viu, ci doar unei logici de supraviețuire, concurență sau izolare. Atunci, totul începe să se degradeze.

Simptomele ruperii de simbioză:
- Creșterea depresiei, anxietății, singurătății.
- Criza în sistemele de educație, sănătate, relații.
- Deconectarea de la corp, natură, sens.
- Inflamarea polarizărilor sociale: „noi" vs. „ei", „corecți" vs. „răi".
- Lipsa compasiunii reale și a dialogului autentic.

În spatele acestor simptome se află același lucru: o umanitate care și-a uitat codul simbiotic. Care s-a învățat să consume, dar nu să dăruiască. Să controleze, dar nu să colaboreze. Să judece, dar nu să înțeleagă.

Când simbioza dispare, apare durerea separării.

Nu e doar o metaforă. Este o realitate neurologică. Studiile arată că excluderea socială activează aceleași circuite cerebrale ca durerea fizică. Când omul nu se mai simte parte dintr-un întreg – suferă. Corpul suferă. Mintea se rigidizează. Inima se închide.

Atunci apare dorința de compensație: prin putere, control, izolare sau exces. Oamenii își umplu golul relațional cu bani, faimă, substanțe, religii radicale sau ideologii extreme. Dar nimic nu înlocuiește simbioza. Pentru că simbioza e ca oxigenul: invizibil, dar vital.

Criza rupturii e un strigăt de întoarcere.

Fiecare colaps personal sau colectiv este o chemare de revenire la legătură. Când simbioza dispare, viața devine fragmentată. Dar exact în acea fragmentare apare posibilitatea reconstrucției. Nu înapoi, ci într-un mod nou – mai conștient, mai coerent, mai uman.

Criza nu este doar prăbușire. Este și resetare. Este o zonă-tampon între ceea ce nu mai funcționează și ceea ce încă nu s-a născut. Între aceste două lumi, alegerea devine

esențială: revin în simbioză sau mă afund în separare?
Simbioza nu e doar soluția. Este destinul evolutiv.
Nicio specie nu a supraviețuit prin luptă permanentă cu tot ce o înconjoară. Supraviețuirea vine prin adaptare, învățare, colaborare. Omul nu va putea merge mai departe ignorând această lege.

5.4 – Reconectarea – Pașii concreți către o viață simbiotică.
Reconectarea nu este o metaforă poetică. Este o necesitate biologică, psihologică și evolutivă. Nu suntem insule. Suntem celule într-un organism viu numit umanitate, părți dintr-un întreg inteligent, interconectat.
Cum ne reconectăm?
1.Reconectarea cu sinele – A te simți din nou întreg.
Primul pas către simbioză este interior. Reconectarea cu propriul corp, emoții și voce autentică. Când ești în contact cu tine, poți fi în contact cu ceilalți. Când ești fragmentat, porți fragmentarea în fiecare relație.
Practici simple:
o Respirație conștientă zilnică (3–5 minute de tăcere și prezență).
o Întrebarea „Ce simt acum?" – fără a judeca, doar pentru a simți.
o Autoîmbrățișarea – un gest simbolic, vindecător pentru sistemul nervos.
2.Reconectarea cu celălalt - A vedea umanul din fața ta.
Empatia este puntea. Iertarea este liantul. Prezența este cheagul.

Relațiile se vindecă nu prin control, ci prin ascultare. Nu prin impunere, ci prin disponibilitate. Să vezi durerea celuilalt fără să te identifici cu ea, dar și fără să o respingi – este o artă pe care umanitatea trebuie să o reînvețe.

Gesturi aplicabile:

o Ascultare activă fără întrerupere (3–5 minute, ca ritual zilnic între parteneri).

o Întrebarea „Ce e viu în tine acum?" – simplă, dar profundă.

o A spune „Îmi pare rău" chiar și când nu ești „vinovat", pentru vindecare.

3.Reconectarea cu natura – Reîntoarcerea la sursa vieții.

Un organism rupt de mediu este pe moarte. Nu vorbim de ecologie militantă, ci de o ecologie interioară: a simți că trăiești pe o planetă vie, nu într-un decor pentru consum.

Simțirea pământului sub picioare, privitul cerului fără ecran, mirosul frunzelor, al ploii, al lemnului – toate sunt căi de reconectare informațională. Natura este prima și ultima noastră relație. Când ne întoarcem la ea, ne întoarcem la noi.

Practici:

-Plimbare zilnică fără telefon.

-Grădinărit simbolic sau real.

-Dialog interior cu un copac (practică de transfer emoțional din tradiții străvechi).

4.Reconectarea cu sensul – A trăi în acord cu un scop mai mare.

Simbioza nu este doar despre ceilalți. Este despre a contribui. A simți că faci parte dintr-o construcție mai mare, în care tu contezi. Fără sens, conexiunile devin tranzacții. Cu sens, ele devin chemări.

Întrebări revelatoare:
- „Ce aduc eu lumii în fiecare zi?"
- „Ce rămâne în urma mea după fiecare întâlnire?"
- „Pentru ce merită să respir azi?"

5. Reconectarea cu întregul – A aparține dincolo de forme.

Este pasul final, spiritual, dar nu religios. Este conștiința că aparții unei Inteligențe mai mari – numește-o Univers, Creator, Viață, Matrice – care respiră prin tine. Atunci, frica dispare. Teama de singurătate, de moarte, de lipsă. Toate se topesc când simți că ești cuprins în ceva viu și iubitor.

Reconectarea este o alegere zilnică.

Nu vine din revelații excepționale, ci din gesturi simple, repetitive:
- A respira conștient.
- A ierta și a cere iertare.
- A mulțumi.
- A simți natura.
- A asculta în loc să reacționezi.
- A alege iubirea în locul judecății.

Aceasta este noua revoluție: reconectarea ca sistem de viață. Simbioza nu mai este un ideal pierdut, ci o realitate aplicabilă.

5.5 – Bariera ego-ului – Iluzia separării și căderea din simbioză.

În centrul fiecărei rupturi de simbioză se află o convingere adâncă: „Eu sunt separat."

Separat de ceilalți, de natură, de Creator, de sens. Această credință este rădăcina durerii și începutul ego-ului.

Ego-ul: de la mecanism de protecție la zid identitar

Ego-ul nu este, în sine, dușmanul. La origine, este un mecanism de conturare a identității: cine sunt eu în lume?, cum mă diferențiez?, ce mă protejează?

Dar, când devine rigid, ego-ul transformă diferențierea în izolare. Afirmarea de sine devine dominare. Protecția devine atac. Astfel, ego-ul nu mai funcționează ca un gard viu, ci ca un zid de beton care exclude, suspectează și respinge tot ce nu e „eu".

Căderea din simbioză

Când ego-ul devine centrul experienței, simbioza devine imposibilă. De ce? Pentru că simbioza presupune interdependență, transparență, încredere, flux.

Dar ego-ul:
• Vrea control, nu încredere.
• Vrea separare, nu comuniune.
• Vrea superioritate, nu echilibru.

În cultura modernă hiperindividualistă, simbioza pare o utopie. Nu pentru că n-ar fi posibilă, ci pentru că este contrazisă de programul dominant al ego-ului: supraviețuiește singur, învinge, domină, dovedește!

Ego-ul rănit – sursa conflictelor interumane

Majoritatea conflictelor nu sunt între oameni, ci între egouri. Două persoane pot iubi profund, dar dacă egourile lor se simt amenințate, vor distruge punțile de legătură.

Exemple:
• Când cineva îți oferă o sugestie, iar ego-ul tău o simte ca pe o critică → te aperi, deși ai putea primi sprijin.
• Când o persoană evoluează, iar ego-ul tău se simte amenințat → o ataci, deși ai putea învăța de la ea.
• Când cineva nu te vede așa cum vrei → te închizi, deși ai putea rămâne deschis și autentic.

Aceste automatisme sunt semnele unui ego care confundă iubirea cu controlul și conexiunea cu validarea.

Calea de întoarcere – Observarea ego-ului

Ego-ul nu poate fi distrus prin luptă. Orice luptă îl întărește. Singura cale este observarea sa, înțelegerea funcției lui și recunoașterea limitelor lui.

Când observi ego-ul:
- Că vrea să aibă dreptate cu orice preț.
- Că vrea să fie „cel bun" în orice conflict.
- Că are nevoie să domine pentru a se simți valoros...

...deja ești dincolo de el.

Acea parte din tine care observă ego-ul nu este ego-ul. Este conștiința. Este martorul viu. Este spațiul în care simbioza poate renaște.

Exercițiu simplu – Observă fără reacție

1. Alege o situație recentă în care te-ai simțit lezat, contrazis sau ignorat.
2. Scrie: Ce a gândit ego-ul tău? (Ex. „M-a jignit." „Nu mă respectă." „Vrea să-mi ia locul.")
3. Întreabă-te: Ce era dincolo de reacție? Ce emoție? Ce nevoie?
4. Spune-ți: „Aceasta este o reacție de protecție. Nu e esența mea."

Revenirea la simbioză presupune recunoașterea iluziei separării.

Nu ești separat. Ești parte. Ești undă din ocean, nu val izolat. Când ego-ul se relaxează, conștiința poate reface punțile.

Simbioza nu se naște din negarea sinelui, ci din transcenderea ego-ului. Este acel punct în care poți spune:

„Eu sunt. Tu ești. Suntem. Și împreună putem coexista fără frică."

5.6 – Simbioza în relații – Vindecarea prin celălalt.
Nimic nu activează mai rapid rănile inconștiente decât relațiile. Și tot nimic nu le poate vindeca mai profund decât aceleași relații. În fiecare conexiune umană autentică există o posibilitate latentă de vindecare, reconectare și regenerare. Asta este esența simbiozei în relații.

De ce suferim în relații?

Relațiile nu sunt doar despre prezent. Sunt oglinzi ale trecutului, purtătoare de coduri moștenite, terenuri fertile pentru proiecții și activări inconștiente. Ne îndrăgostim nu doar de omul din fața noastră, ci și de răspunsurile emoționale învățate din copilărie. Ne certăm nu doar cu partenerul, ci și cu imaginea tatălui absent, cu critica mamei sau cu rușinea nespusă de altădată.

Ce este o relație simbiotică?

Este un spațiu în care:
• Poți fi vulnerabil fără să fii judecat.
• Poți evolua fără să fii tras înapoi.
• Poți iubi fără teamă de abandon.
• Poți rămâne tu, în timp ce celălalt rămâne el.

Nu este o relație fără conflicte, ci una în care conflictul devine ocazie de creștere, nu de distrugere.

Relațiile disfuncționale – semnalul că simbioza s-a rupt

Semnele unei relații dezechilibrate:
• Dependența emoțională mascată drept „dragoste absolută".
• Controlul prezentat ca „grijă".
• Tăcerea toxică în locul dialogului autentic.

- Gelozia transformată în „dovadă de iubire".
- Compromisul cronic al propriei identități.

Acestea nu sunt iubire. Sunt rămășițe ale unor programe de atașament rănit. Vindecarea începe cu un singur lucru: conștientizarea.

Vindecarea prin celălalt – cum funcționează?

Când cineva te vede exact așa cum ești și nu te abandonează, o rană profundă se închide.

Când poți spune „mi-e teamă" sau „mă doare" și nu ești respins, înveți să te iubești.

Când cineva îți respectă ritmul, limitele, visurile, începi să te respecți și tu.

Relația devine teren de reînvățare. De reglare afectivă. De creare a unui nou cod informațional: „Pot fi iubit fără să mă pierd."

Cheile unei relații simbiotice

1. Prezența – Nu există iubire fără atenție.
2. Ascultarea reală – Nu aștepta doar să răspunzi. Încearcă să înțelegi.
3. Onestitatea blândă – Exprimă ce simți fără a răni.
4. Spațiul personal – Oferă și primește libertate ca expresie a încrederii.
5. Autenticitatea – Renunță la roluri, măști și așteptări false.
6. Intenția comună de evoluție – O relație sănătoasă e un laborator de conștiință, nu o scenă de validare.

Nu relația vindecă. Ci felul în care o trăiești.

Orice relație poate deveni teren de vindecare – dacă este trăită cu prezență, responsabilitate și deschidere. Dar și cea mai frumoasă relație poate deveni o închisoare – dacă e trăită prin ego, frică sau programul de suferință.

Rugăciune pentru relații simbiotice

(De rostit în liniște sau scris într-un jurnal)
„Fie ca eu și celălalt să ne vedem dincolo de rănile noastre.
Fie ca iubirea noastră să fie spațiu de creștere, nu de constrângere.
Fie ca adevărul să ne apropie, nu să ne sperie.
Fie ca fiecare pas împreună să ne aducă mai aproape de cine suntem cu adevărat.
Fie ca relația noastră să fie o libertate împărtășită, nu o posesie."

5.7 – Simbioza extinsă – Comunități, cultură, societate.

Dacă simbioza individuală înseamnă echilibru interior și armonie în relații, simbioza extinsă este expresia colectivă a acestor principii: o umanitate care nu se autodistruge, ci se autoreglează. O cultură care nu uniformizează, ci diversifică prin respect. O societate care nu exploatează, ci regenerează.

Simbioza este răspunsul matur al unei conștiințe evoluate la întrebarea: Cum putem trăi împreună fără să ne anihilăm?

Societatea actuală – între haos și necesitate de restructurare

Trăim într-o epocă în care vechile sisteme de coeziune (religii, patriarhii, doctrine politice) s-au fisurat, dar nu au fost înlocuite cu structuri coerente de conștiință colectivă. Rezultatul? Un vid axiologic. O confuzie între libertate și haos. O ruptură între individ și comunitate.

Această criză este fertilă. Este ca o pajiște arsă de secetă, în care pot încolți semințele unei noi paradigme: simbioza socială conștientă.

Ce este simbioza socială?

Este un model de interacțiune colectivă în care:
• Individul este respectat în unicitatea sa.
• Resursele sunt gestionate cu responsabilitate.
• Conflictul este tratat ca motor de progres, nu ca motiv de distrugere.
• Educația formează caractere, nu doar minți.
• Economia respectă ecologia.
• Comunitatea devine un spațiu de evoluție, nu de dominație.

Cultura ca sistem de credințe colective

O cultură sănătoasă:
• Își onorează rădăcinile fără a le absolutiza.
• Permite pluralitatea valorilor.
• Încurajează întrebarea, nu doar răspunsul.
• Susține expresia personală fără a o suprima în numele „normalității".

Cultura simbiotică înlocuiește rușinea cu asumarea, vinovăția cu responsabilitatea și dogma cu dialogul. Nu cere conformism, ci contribuție.

Comunitatea – loc de apartenență sau spațiu de vindecare?

Fiecare om aparține unui grup. Dar nu fiecare grup vindecă. O comunitate coerentă este:
• Locul în care omul nu se rupe de sine pentru a fi acceptat.
• Spațiul unde diferența nu este pedepsită.
• Rețeaua în care ajutorul este oferit din recunoașterea interdependenței, nu din milă.

Rădăcinile vindecării colective se află în structurile mici – grupuri, asociații, triburi moderne – unde oamenii aleg să fie prezenți, onești și implicați.

Modelul reparator: de la ego-sistem la eco-sistem

Societățile moderne funcționează în regim de „ego-sistem": fiecare pentru el, succesul e definit prin comparație, „a câștiga" presupune ca altcineva „să piardă".

Simbioza propune un salt:
• De la competiție la cooperare.
• De la consum la regenerare.
• De la putere asupra celuilalt la putere împreună cu celălalt.

Aceasta nu este utopie. Este necesitate. Planeta nu mai susține individualismul absolut. Crizele ecologice, sociale și politice sunt semnalul că trebuie să trecem de la exploatare la integrare.

Exemple de simbioză extinsă funcțională
• Cooperative regenerative – în agricultură, unde fermierii colaborează, nu concurează.
• Comunități terapeutice – unde dependenții sau supraviețuitorii de traume cresc împreună prin susținere reciprocă.
• Rețele educaționale alternative – care promovează învățarea personalizată, empatică și colaborativă.
• Proiecte eco-village – unde locuințele, energia, hrana și relațiile sunt gestionate în armonie cu natura și valorile comune.

Aceste modele arată că simbioza nu este idealistă, ci un principiu viabil de organizare a vieții.

Ce putem face pentru simbioza colectivă?
• Cultivă relații bazate pe respect, nu pe control.
• Sprijină inițiative care includ, nu exclud.
• Educă-te nu doar pentru tine, ci pentru a deveni un reper viu.

• Întreabă-te zilnic: „Gestul meu de azi – este în folosul întregului sau doar al ego-ului meu?"
Rugăciune pentru o umanitate în simbioză
„Fie ca fiecare om să se simtă văzut, nu doar evaluat.
Fie ca vocile celor tăcuți să se audă în inima celor care decid.
Fie ca pământul să fie tratat nu ca resursă, ci ca mamă.
Fie ca umanitatea să-și amintească: nu evoluează cel mai tare, ci cel mai coerent cu întregul."

5.8 – Simbioza cu natura – Întoarcerea la inteligența biologică

Înainte de a fi intelect, om, cetățean sau specialist, ești un corp viu – o rețea de celule, o armonie de sisteme organice, o extensie a naturii. Înainte de religii, culturi sau ideologii, am fost organisme în simbioză cu planeta.

Omul modern a uitat această apartenență. A creat distanță între „eu" și „restul vieții". A uitat că nu trăim pe Pământ, ci din el. Fiecare dezechilibru intern este o oglindă a dezechilibrului față de natură.

Natura nu este în afara ta – este în tine.

Ritmul cardiac, ciclurile hormonale, digestia, regenerarea, emoțiile – toate sunt expresii ale inteligenței biologice. Această inteligență nu este o funcție oarecare. Este un limbaj – tăcut, dar precis.

Când natura exterioară se degradează, nu e o catastrofă „ecologică". Este o inflamație a conștiinței umane, o boală de adaptare.

Legătura uitată dintre sănătate și natură
Timp de milenii, omul a fost dependent de:
• Ciclurile solare și lunare (somn, fertilitate, mișcare).
• Sezoane (alimentație, regenerare).

- Sol (microbiom, imunitate).
- Aer și apă vie (echilibru celular).

Astăzi, trăim în medii artificiale, cu lumini artificiale, stres artificial și boli reale. De ce? Pentru că inteligența biologică a fost ignorată.

Simbioza ca reîntoarcere, nu regres

A trăi în simbioză cu natura nu înseamnă să renunți la știință sau progres. Înseamnă să integrezi știința cu sacralitatea vieții.

Înseamnă:
- Să mănânci în acord cu corpul tău, nu cu reclamele.
- Să te odihnești fără vină.
- Să te expui la soare ca la o sursă de viață, nu ca la un dușman.
- Să tratezi natura ca izvorul vieții, nu ca decor.

Ce spune știința despre reîntoarcerea la natură?
- Psihoneuroimunologia arată că 15 minute zilnic într-un spațiu natural reduc cortizolul (hormonul stresului), cresc oxitocina (hormonul conexiunii) și întăresc sistemul imunitar.
- Studiile despre „shinrin-yoku" (baia de pădure) confirmă că plimbările în natură reduc inflamația sistemică și riscul depresiei.
- Microbiomul intestinal – baza imunității și stării de bine – este hrănit de contactul cu solul, alimente vii și lipsa toxicității industriale.
- Cronobiologia susține că reîntoarcerea la ritmurile naturale (somn pe întuneric, lumină naturală) reglează metabolismul, hormonii și sănătatea mentală.

Inteligența biologică – ce este și cum o recunoști

Este acea inteligență care:
- Știe când să dormi.

- Îți spune când să te oprești.
- Șoptește în corp când o relație este toxică.
- Dă semnale de durere înainte să apară boala.

Pentru a o asculta, trebuie să taci puțin. Să nu mai impui, ci să întrebi: „Ce vrea viața din mine să-mi spună acum?"

Practicarea simbiozei cu natura

1. Pământul – Mergi desculț, atinge solul, grădinărește, stai pe iarbă. Îți reglează polaritatea electromagnetică.
2. Apa – Bea apă pură, spală-te conștient, înoată. Apa transmite memorie emoțională.
3. Aerul – Respiră profund, stai la aer curat, evită spațiile poluate.
4. Soarele – Expune-te dimineața la lumină solară. Reglează hormonii, melatonina, serotonina.
5. Ritmul – Dormi după apus, mănâncă sezonier, echilibrează activitatea cu repausul.

Trupul tău este natura care te poartă.

A te întoarce la natură nu este un moft eco. Este un act de vindecare interioară și exterioară.

„Nu salva planeta. Ea se salvează singură.
Salvează-ți relația cu ea.
Din această relație pornește vindecarea ta."

5.9 – Simbioza spirituală – A aparține Luminii, nu fricii.

Există o apartenență care nu se vede. Nu se moștenește prin sânge, nu se semnează într-un contract social și nu se învață la școală. Este apartenența la Lumină – la acel spațiu interior din care vin iubirea, echilibrul, înțelepciunea. Această apartenență este simbiotică prin natura ei: nu e despre posesie, ci despre comuniune.

Aparținem a ceea ce ne hrănește sufletul.
Mulți trăiesc sub o apartenență tăcută la frică:
• Frica de a fi respins.
• Frica de a fi pedepsit.
• Frica de a nu corespunde.
• Frica de a nu fi iubit.
Această frică se traduce în comportamente dureroase:
-perfecționism, supunere, tăcere, evitare, dependență. Se naște o simbioză cu suferința, cu vinovăția, cu rușinea.
Dar simbioza autentică începe când conștientizezi:
„Pot alege să aparțin Luminii. Nu fricii."
Lumina nu cere nimic, dar oferă tot. Nu impune reguli, dar reordonează viața.
Spiritualitatea nu este religie. Este recunoașterea interdependenței.
Nu vorbim de dogme. Ci de un adevăr profund:
• Ești parte dintr-un Întreg care te susține.
• Cum se mișcă Pământul? Tu trăiești.
• Cum respiră copacii? Tu ai oxigen.
• Cum funcționează inima fără ordinul tău? Tu continui.
Această inteligență care guvernează viața este și în tine. Să-i apar-ții conștient înseamnă să nu te mai percepi separat. Să simți că faci parte dintr-un Tot viu. Aceasta este simbioza spirituală.
Frica este o chemare înapoi în Lumină.
Nu trebuie să negi frica. Trebuie să o înțelegi ca semnal: „M-am îndepărtat de ceea ce mă hrănește."
Frica nu e dușmanul. Este un copil rătăcit care vrea să se întoarcă acasă.
Când apare frica, nu o învingi, ci o cuprinzi:
• „Aparțin Luminii chiar și când mă tem."

- „Aleg adevărul, nu scenariul minții."
- „Frica mea nu este verdict, e cale."

Trup, minte, suflet – triada simbiotică

Spiritualitatea coerentă nu exclude corpul și gândirea. Le unifică:
- Corpul ca templu.
- Mintea ca slujitor al inimii.
- Sufletul ca ghid interior.

Când aceste dimensiuni comunică, se activează o stare de prezență. Prezența este poarta către apartenența reală: nu la o doctrină, ci la Adevăr.

Cum aparținem Luminii în viața de zi cu zi?

1. Prin alegeri care aduc expansiune, nu constricție. Unde simți ușurare, e Lumină.
2. Prin sinceritate radicală. Adevărul rostit te reașază în axul ființei tale.
3. Prin renunțarea la luptă cu ce este. Acceptarea deschide inima.
4. Prin recunoștință. A vedea darurile, chiar și în haos, e o formă de apartenență la sursă.

Rugăciunea simbiotică (exercițiu de integrare)

Închide ochii. Respiră. Spune, încet, în tine:

„Aparțin vieții, nu fricii.

Aparțin adevărului, nu poveștilor dureroase.

Mă întorc la mine și mă regăsesc în Lumină.

Aici e casa mea."

Când aparții Luminii, întreaga viață îți devine altar.

Nu mai trăiești pentru a fugi de întuneric, ci pentru a răspândi conștient ceea ce ești: o sursă vie de pace.

5.10 – Exercițiu de reprogramare simbiotică – O nouă alegere interioară.

Orice transformare începe cu o alegere. Nu una declarativă, ci una trăită în adâncul ființei. O alegere care dizolvă vechiul program și deschide un câmp de realitate nouă. Reprogramarea simbiotică este o întoarcere spre sine, în care omul devine, din obiect al moștenirii, subiect al creației propriei vieți.

Pașii exercițiului

1. Recunoaște vechiul program.

Închide ochii. Spune sincer, în mintea ta:

„Există în mine un gând, o credință sau o loialitate care m-a ținut blocat."

„Am crezut că nu pot, că nu merit, că nu se poate altfel."

„Recunosc acest program. Îl văd. Îl simt."

Nu-l judeca. Nu-l respingi. Doar observă-l.

2. Localizează-l în corp.

Unde simți acest program în corp? Poate în piept, stomac, gât, respirație.

Pune o mână acolo. Fii prezent.

„Aici am ținut vechiul adevăr. Acum sunt pregătit să-l transform."

3. Activează Observatorul.

Spune în gând:

„Nu sunt acest program. Nu sunt emoția care îl susține. Eu sunt cel care îl observă."

Observatorul este cheia. Este punctul din tine care nu se teme și nu se pierde.

4. Alege noul cod.

Formulează o propoziție vie. Nu pozitivism forțat, ci o alegere conștientă:

- „Aleg să mă raportez la mine din adevăr, nu din frică."
- „Aparțin Luminii, nu durerii."
- „Sunt o ființă în transformare. Îmi dau voie să cresc."
- „Nu mai port moșteniri care nu-mi hrănesc viața."

Rostește cu voce sau în gând. Repetă. Respiră adânc. Lasă propoziția să se imprime în tine.

5.Integrarea zilnică

Scrie codul tău nou pe o foaie. Pune-l într-un loc vizibil.

Repetă-l zilnic, nu ca pe o formulă magică, ci ca pe o amintire a alegerii tale.

Apoi, trăiește-l:
- Fă gesturi în acord cu el.
- Ia decizii care-l confirmă.
- Iubește-te când îl uiți și revino la el.

6.Recunoștința pentru drum

Închide exercițiul cu o mulțumire:

„Mulțumesc fricii că m-a ținut în viață.

Mulțumesc durerii că m-a învățat să caut altceva.

Mulțumesc conștiinței că mi-a deschis calea.

Mulțumesc mie că am ales Lumina."

Aceasta este reprogramarea simbiotică. Nu e un truc. Este o aliniere profundă între gând, emoție și alegere. O resetare a apartenenței: de la inconștiență la conștiință, de la suferință la creație, de la programare la prezență.

Tu ești creatorul codului pe care îl trăiești.

Și lumea ta va deveni o reflexie a acestei alegeri.

**5.11 – Simbioza ca Sfânt Graal al conștiinței umane –
O nouă paradigmă educativă pentru vindecarea traumei.**

În fața suferinței colective, omenirea a căutat mereu formule magice, teorii absolute sau sisteme infailibile. Dar poate că nu lipsa metodelor ne împiedică, ci lipsa înțelegerii relației dintre noi. Suferința, în forma ei profundă, este ruptură: de sine, de ceilalți, de sens, de viață. Antidotul rupturii este simbioza – conexiunea vie, asumată, conștientă.

Simbioza nu este doar un concept biologic. Este un cod existențial, o matrice funcțională a tuturor formelor de viață sănătoasă – de la celule la societăți, de la natură la conștiință. Când acest cod este pierdut, apare boala. Când este restaurat, apare vindecarea.

O idee simplă, dar revoluționară:

Ce-ar fi dacă am trata trauma ca pe o fractură de simbioză?

Ce-ar fi dacă, în loc să căutăm „vindecări miraculoase", am instala simbioza ca normalitate educativă?

Simbioza: un „cod sursă" al echilibrului

Acolo unde este simbioză, există:

• Comunicare și ascultare.
• Echilibru între a primi și a dărui.
• Respect pentru ritmuri și diferențe.
• Sens comun și interdependență funcțională.

Toate acestea lipsesc în traume. Trauma este tăcere, dezechilibru, izolare, lipsă de sens, separare. Prin urmare, orice traumă poate fi înțeleasă ca o pierdere de simbioză, iar vindecarea profundă implică restabilirea unei relații superioare: cu sine, cu ceilalți, cu universul.

Educația pentru simbioză – o prioritate evolutivă

Educația actuală este fragmentară: învățăm matematică, istorie, tehnologie, dar nu despre relații funcționale, apartenență sănătoasă sau echilibru între individualitate și interconectare.

Educația pentru simbioză nu este un moft spiritual, ci o cerință de igienă psihoemoțională globală. A introduce în școli, comunități și instituții ideea că „a fi împreună" este un proces viu, care se învață și se cultivă, înseamnă a preveni trauma înainte ca ea să se instaleze.

Simbioza – Sfântul Graal uitat al umanității

Toate marile căutări umane – de la aurul alchimic la mântuirea religioasă sau transumanismul actual – caută același lucru: coerență, continuitate, comuniune.

Simbioza, în forma sa conștientă, este chintesența acestor idealuri. Este răspunsul viu la întrebarea: „Cum putem trăi împreună fără să ne rănim?" Sau mai profund: „Cum pot exista ca individ fără să pierd legătura cu întregul?"

Acesta este adevăratul Graal: capacitatea de a fi în relație fără a te pierde și de a fi tu însuți fără a izola.

Aplicarea simbiozei: o formulă universală de rezolvare a traumei

Indiferent de natura traumei – personală, socială, colectivă – procesul de vindecare urmează aceleași coduri:

1.**Observare** – Recunoașterea rupturii.
2.**Nejudecare** – Renunțarea la vină.
3.**Acceptare** – Reintegrarea a ceea ce a fost separat.
4.**Alegere conștientă** – Activarea codului superior de apartenență.
5.**Acțiune relațională** – Restabilirea fluxului viu dintre eu și celălalt.

Toate aceste etape sunt expresii ale simbiozei în acțiune.

Concluzie: Simbioza ca sistem de operare al unei lumi noi

Dacă am instala simbioza ca valoare centrală în educație, sănătate, guvernare, spiritualitate, n-am mai avea nevoie de atâtea tratamente simptomatice. Am reduce trauma prin prevenție. Am crește copii care știu că nu sunt singuri. Am construi instituții care funcționează pe cooperare, nu pe control. Am avea o lume care nu doar supraviețuiește, ci creează împreună.

    Simbioza nu este o utopie. Este normalitatea care așteaptă să fie reactivată. Poate că este chiar Graalul pentru care umanitatea a căutat atât de mult în afară... când el a fost mereu aici – în inima fiecărei relații autentice.

Capitolul 6

Criza ca mecanism de salt evolutive

De-a lungul istoriei umane, cele mai mari transformări individuale și colective nu au venit în vremuri de confort, ci în vârf de tensiune, la marginea prăpastiei, în fața colapsului. Criza nu este dușmanul vieții, ci un catalizator dureros al reechilibrării. În loc să fie văzută ca un capăt, criza poate fi înțeleasă ca o ușă între două lumi: cea veche, cunoscută, dar disfuncțională, și cea nouă, incertă, dar plină de potențial. Pentru a deschide acea ușă, este nevoie de o schimbare profundă: de percepție, de valori, de identitate.

6.1 – Ce este o criză? – Între dezintegrare și revelație.

Ce este criza, dacă nu o pauză forțată impusă de viață pentru a regândi totul? Criza nu este un accident, o eroare de traseu sau o anomalie care trebuie evitată cu orice preț. Este un mesaj în cod dureros, trimis de viață pentru a forța conștientizarea. Este o trezire accelerată, în care sistemele vechi – biologice, psihologice, sociale – sunt puse față în față cu limitele lor.

La nivel personal, o criză apare atunci când identitatea ta actuală nu mai poate susține realitatea trăită. Între ceea ce ai devenit și ceea ce ai nevoie să devii se produce o tensiune atât de mare, încât organismul, mintea sau relațiile cedează. Boala, despărțirea, falimentul, depresia – toate sunt forme ale unui dezechilibru mai profund: sufletul tău are nevoie de o nouă hartă.

La nivel colectiv, criza apare în același fel: când o ideologie, un sistem economic, o credință socială sau un mod de viață își epuizează utilitatea. Când lumea construită nu mai este coerentă cu nevoile ființei umane, apare colapsul. Întotdeauna.

Dar criza nu este distrugere. Este dezmembrarea unui sistem în vederea reconfigurării sale. Așa cum o omidă se dizolvă complet în crisalidă pentru a deveni fluture, omul – individual sau colectiv – trebuie uneori să se piardă în haos pentru a regăsi sensul. Criza este punctul de inflexiune între vechiul care moare și noul care se naște. Nu o pedeapsă. Ci o trecere. Un travaliu de naștere spirituală.

Știința confirmă acest lucru:

• În biologie, homeostazia (menținerea echilibrului) este urmată, uneori, de alostazie – o modificare profundă a parametrilor de funcționare în fața stresului. Aceasta este criza: o recalibrare pentru un nou echilibru mai complex.

• În fizică, sistemele dinamice ating un punct de haos din care emerg noi forme de ordine – mai sofisticate, mai flexibile.

• În psihologie, criza existențială este preludiul maturizării autentice.

• În spiritualitate, întunericul sufletului precede iluminarea.

Criza este un cod universal al evoluției.

Ce nu este o criză?

• Nu este o rușine.

• Nu este o greșeală personală.

• Nu este un sfârșit real.

Este doar un semnal: „Ce ai fost nu mai e suficient. Ce vei deveni se cere născut."

6.2 – Crizele din natură – Salturi ale echilibrului, nu erori de sistem.

Natura nu greșește. Nu are intenții morale sau idei fixe. Are doar legi ale adaptării și mecanisme de reglare prin care fiecare dezechilibru este transformat în oportunitate de evoluție. În natură, criza nu este o abatere de la normalitate – ci o etapă de transformare funcțională.

Ce este o criză în natură?

• Declinul unei populații de bacterii pentru a permite apariția unei specii mai rezistente.

• Explozia unui vulcan care reface fertilitatea unui sol.

• Incendiul care curăță pădurile de uscături, pregătind locul pentru o pădure nouă.

• Prădătorul care echilibrează populația de ierbivore, evitând supraconsumarea resurselor.

Aceste fenomene, pe care mintea umană le poate interpreta ca „tragice", sunt mecanisme de echilibrare pe termen lung. Natura nu conservă ce este ineficient. Transformă. Fiecare criză este catalizatorul acestui proces.

Homeostazia și alostazia

În biologie, un organism sănătos nu este cel care rămâne constant, ci cel care se adaptează la stres, recalibrându-se. Acest proces, numit alostazie, este capacitatea corpului de a schimba setările interne pentru a supraviețui unui nou mediu.

Exemplu: Când temperatura scade, corpul nu intră în panică. Creează tremurături (mișcare musculară) pentru a produce căldură. Aceasta este criza – un mecanism de reglare prin schimbare.

Criza este un salt al echilibrului, o transformare controlată a parametrilor vechi. Nu o greșeală. Nu o anomalie. Ci un semnal că ceea ce funcționa nu mai este suficient.

Mutanții supraviețuitori

Teoria evoluției arată clar: nu cei mai puternici supraviețuiesc, ci cei ce sunt adaptabili. Fiecare criză de mediu (schimbări climatice, foamete, pandemii) a fost o „situație de selecție" pentru salturi evolutive. Virusurile se adaptează la vaccinuri. Plantele se adaptează la poluare. Oamenii se adaptează la suferință, inventând terapii, credințe, comunități.

Ce învățăm de aici?
- Criza nu este ceva de „reparat", ci de înțeles.
- Criza nu este sfârșitul, ci momentul de selecție pentru o etapă nouă.
- Criza nu este doar durere, ci semnul unei maturizări pe cale să se instaleze.

Natura ne arată că fiecare colaps conține o inteligență ascunsă: nu ca să ne distrugă, ci ca să ne reordoneze.

6.3 – Criza personală – Dezintegrarea ego-ului și nașterea sinelui autentic.

În viața fiecărui om vine un moment când tot ce era familiar începe să se destrame. Relațiile se rup. Cariera își pierde sensul. Trupul cedează sub presiune. Mintea nu mai găsește răspunsuri. Inima tace. Aceasta este criza personală – dar, în esență, este chemarea spre o formă mai autentică de existență.

Criza nu apare pentru că ai greșit, ci pentru că ai crescut. Ai crescut într-un cadru care nu mai poate susține ce ai devenit. E ca și cum ai încerca să trăiești o viață reală într-un costum prea strâmt, croit pentru o altă versiune a ta.

Ego-ul – structura veche care cedează

Ego-ul nu este rău. Este o structură de supraviețuire, formată din convingeri, obiceiuri, frici, adaptări și așteptări. A fost necesar. Dar nu este definitiv. Criza personală vine când ego-ul atinge limita funcționalității sale.

Exemplu: O persoană care s-a identificat cu rolul de „salvator" ajunge epuizată, trădată și neînțeleasă. Nu pentru că ceilalți au greșit, ci pentru că a venit timpul să nu mai fie o mască, ci un om viu.

În prăbușirea identității vechi apare primul pas al transformării: dezorientarea. Dacă rezistența dispare, urmează revelația.

Sinele autentic – nu se inventează, se revelează

Sinele nu se creează, ci se descoperă. Nu are nevoie de validare, perfecțiune sau aplauze. Sinele autentic este ființa care a existat mereu în fundal, dar pe care crizele o aduc în prim-plan.

Criza personală este nașterea sinelui autentic din ruinele identității construite. Este ca un cutremur care dărâmă casa veche. Plângi, te temi, crezi că ai pierdut totul. Dar printre dărâmături găsești o ușă secretă: duce spre o lume interioară neexplorată.

Simptomele unei crize autentice de transformare
- Nu te mai regăsești în ce făceai.
- Relațiile care te defineau se destramă fără explicații.
- Simți că „nu mai ești tu", dar nici nu știi cine ești.
- Îți pierzi sensul, dar simți o chemare tăcută spre altceva.

Acesta este paradoxul crizei: pare moarte, dar e renaștere.

Ce poți face?
- Nu grăbi procesul. Criza nu se „repară", se traversează.
- Stai cu întrebările. Nu căuta imediat certitudini. Lasă întrebările să te curețe.
- Observă ce cade. Tot ce se destramă nu îți mai este necesar.

• Așteaptă momentul în care liniștea nu mai doare. Acolo e noul tău sine.

Criza este travaliul sufletului. Nu e o boală. Este o naștere.

6.4 – Criza colectivă – Când omenirea se află la răscruce.

Dacă o criză personală este un strigăt tăcut al sufletului către autenticitate, criza colectivă este strigătul umanității către un nou nivel de conștiință. De-a lungul istoriei, momentele întunecate ale civilizației au precedat marile salturi evolutive. Războaiele, pandemiile, prăbușirile economice, colapsurile morale – toate au semnalat un punct de ruptură, dar și un prag de transformare.

Criza colectivă nu apare pentru că omenirea este „rea" sau „pedepsită", ci pentru că modelele vechi de funcționare devin nefuncționale. Sistemele crapă: educația nu mai educă, medicina nu mai vindecă, religia nu mai conectează, politica nu mai reprezintă. Nu pentru că au eșuat absolut, ci pentru că umanitatea a crescut peste ele.

Simptomele crizei colective actuale

• Dezrădăcinare spirituală – Oamenii nu mai cred, dar nici nu știu în ce să creadă.

• Explozia anxietății – Boala secolului XXI nu este fizică, ci existențială.

• Polarizare – Societatea se rupe între extreme, lipsind un centru conștient.

• Alienare – Suntem mai conectați digital ca niciodată, dar mai izolați sufletește ca oricând.

Aceste simptome indică faptul că umanitatea nu mai poate funcționa în forma actuală.

Ce se rupe în criza colectivă?

Se rupe iluzia separării. Se rupe ideea că putem trăi izolați de ceilalți, de natură, de sens. Se rupe narațiunea supraviețuirii individuale în dauna bunăstării colective. Se rupe paradigma profitului fără etică, a progresului fără suflet, a științei fără conștiință.

Ce se naște?

O nouă cultură a interconectării. O necesitate de reîntoarcere la simbioză. O chemare tăcută, dar implacabilă, spre un mod de viață în care nu doar individul contează, ci relația dintre indivizi.

Așa cum o celulă bolnavă semnalează un dezechilibru sistemic, suferințele societății sunt simptome ale unei crize de conștiință colectivă.

Nu mai este timp pentru soluții fragmentare

Criza colectivă cere un răspuns colectiv. Nu se mai poate rezolva o problemă de sănătate fără a regândi educația. Nu se mai poate trata anxietatea fără a reevalua munca, iubirea și relațiile. Nu se mai poate evolua doar individual – e nevoie de salturi comunitare, culturale, planetare.

Aceasta este chemarea acestui capitol – și a întregii cărți: nu doar să supraviețuim împreună, ci să evoluăm conștient, în simbioză.

6.5 – Simbioza, codul ascuns al crizei.

Ce este simbioza într-o lume aflată în criză? Nu o metaforă idealistă, ci o cheie funcțională. Un cod esențial al vieții, ignorat, înlocuit sau uitat – dar care revine, inevitabil, în momentele de prăbușire sistemică.

Simbioza nu este doar o relație armonioasă între ființe. Este legea nescrisă care guvernează echilibrul universal: între celule, specii, oameni, oameni și planetă, suflet și corp, știință și spirit. Când acest echilibru este încălcat, nu apare pedeapsa, ci dezechilibrul – adică, criza. Criza este expresia matematică a ruperii din simbioză. Și chemarea subtilă la regăsirea ei.

Simbioza nu se cere inventată. Se cere recunoscută.

Biologic, existența noastră este rezultatul unei simbioze perfecte: bacteriile din intestin, oxigenul produs de plante, relația dintre inimă și plămâni, între ADN și epigenetica emoțională – toate se susțin reciproc. Social, însă, am uitat. Societatea a fost modelată pe competiție, ierarhii, fragmentare și frică. Modelul „eu versus ceilalți" a creat o cultură a separării. Dar fiecare criză majoră a fost o oportunitate de a ne aminti: nu putem evolua decât împreună.

De ce este simbioza codul ascuns al crizei?

Pentru că devine vizibilă când celelalte „coduri" eșuează. Când sistemele politice se prăbușesc, dogmele se contrazic, medicina nu mai explică totul, psihologia nu mai calmează, începe întrebarea profundă:

• Ce ne leagă cu adevărat unii de ceilalți?
• Ce ne susține dincolo de interese?
• Ce funcționează și fără să controlăm?

Răspunsul este simbioza. Acolo unde este respect, există viață. Acolo unde este dăruire, apare vindecarea. Acolo unde este schimb echitabil, apare echilibru.

În criză, simbioza devine vizibilă

• Când sistemul medical cedează, apare solidaritatea umană.

• Când economia se prăbușește, apar schimbul direct, colaborarea.

• Când liderii mint, apare înțelepciunea comunității.

• Când lumea pare pierdută, apare forța celor care se susțin fără a aștepta o autoritate salvatoare.
Criza nu distruge simbioza – o dezvăluie. O pune în lumină. O scoate din subsolul uitării și o așază în centrul soluției.
Aplicabilitatea simbiozei ca soluție universală
Fiecare conflict, traumă sau dezechilibru poate fi abordat printr-o recalibrare în simbioză:
• Într-o familie: între a avea dreptate și a păstra conexiunea.
• Într-o comunitate: între control și încredere.
• Într-o națiune: între ideologie și umanitate.
• Într-un individ: între ego și conștiință.
Simbioza este codul care transformă criza în trambulină. Este lecția ascunsă a fiecărei prăbușiri și resursa ignorată a fiecărui salt. Nu e o utopie. Este un adevăr funcțional, biologic, social, spiritual – care așteaptă să fie recunoscut și aplicat.
Când simbioza devine standard, criza devine doar un pas în evoluție. Nu o amenințare, ci o inițiere.

6.6 – Exemplul naturii – Criza ca ecologie a transformării

Dacă am privi natura nu ca pe o resursă, ci ca pe un profesor, am înțelege mai repede lecțiile crizelor. În biologie, criza este parte firească a procesului de adaptare. Nicio specie nu a evoluat fără dezechilibre. Niciun ecosistem nu s-a stabilizat fără un moment de haos. În pădure, focul nu este doar distrugere – este regenerare. În mare, furtuna nu este doar amenințare – ci redistribuire a nutrienților.
Natura nu dramatizează criza. O integrează. O folosește. O transformă în nou echilibru.

Criza este un mecanism de reglare

Când o populație devine prea numeroasă, natura trimite un dezechilibru: lipsă de hrană, un prădător, o boală. Nu pentru a pedepsi – ci pentru a restabili simbioza. Nu pentru a distruge, ci pentru a corecta excesul.

În ființa umană, o criză de sănătate (fizică sau psihică) apare nu ca dușman, ci ca mesager: ceva nu mai funcționează în armonie cu restul. E nevoie de reechilibrare.

Natura nu se teme de moarte – ci de dezechilibru

În ecosisteme, moartea este un transfer. Un copac căzut hrănește alte viețăți. Un animal decedat devine sursă de viață pentru alte organisme. În natură, nimic nu este pierdut – totul se transformă. Acesta este adevărul fundamental al simbiozei ecologice: criza nu înseamnă sfârșit. Înseamnă începutul unei alte forme.

De ce nu învățăm asta și la nivel social?

Pentru că ne-am separat de natură nu doar fizic, ci și simbolic. Am uitat să gândim organic. Am creat sisteme rigide, nesimbiotice, care nu absorb criza ca pe o lecție, ci o văd ca pe o amenințare absolută.

Lecția naturii pentru omenire

• În natură, nimeni nu suferă de criză de identitate. Fiecare ființă își cunoaște locul și rolul.

• În natură, cooperarea este regula, nu excepția.

• În natură, ceea ce pare o prăbușire este o redistribuire a funcțiilor și o resetare a echilibrului.

Dacă natura este maestrul simbiozei, criza este un profesor mai sever. Dar cu lecții clare.

Din ecologie în educație

Ar trebui să ne învățăm copiii să citească criza ca pe o poveste naturală. Să vadă că un conflict este ca un cutremur:

destabilizează, dar arată ce nu era solid. Să știe că o traumă este ca un incendiu de pădure: arde ce nu mai era viu, pentru a face loc regenerării.

Criza nu este un defect. Este un proces. O forță. Un cod. Simbioza este cheia prin care acest cod devine constructiv, nu destructiv. În natură, supraviețuiește nu cel mai puternic, ci cel mai adaptabil. Adaptabilitatea înseamnă, în esență, simbioză conștientă.

6.7 – Cod de navigație în criză – Întrebările care salvează.

Când totul pare că se prăbușește, nu ai nevoie de răspunsuri rapide, ci de întrebări bune. În criză, direcția nu vine din certitudine, ci din claritate. Claritatea începe cu întrebări care nu fug de adevăr. O întrebare bine pusă poate deschide o poartă acolo unde părea doar zid.

Întrebările sunt instrumentele Observatorului interior

În mijlocul unei crize, sistemul nervos intră în alertă. Mintea vrea control, corpul vrea siguranță, emoțiile explodează. În acel haos, singura busolă reală este Observatorul – acea parte din tine care poate întreba, nu doar reacționa.

Întrebări care creează spațiu pentru soluții

-Ce anume a fost dezechilibrat înainte de criză?

Criza nu apare din senin. Este semnul că ceva funcționa fals sau incomplet. Întrebarea nu este „De ce mi se întâmplă asta?", ci „Ce nu mai era sustenabil și cere o resetare?"

-Ce simt cu adevărat acum?

În criză, emoțiile se amestecă: furie, frică, rușine, neputință. A le numi înseamnă a le da formă. A le simți conștient înseamnă a nu le lăsa să te conducă orbește.

-Ce încerc să controlez și nu pot?
Identificarea nevoii de control este eliberatoare. Suferința vine adesea din lupta cu imposibilul. Când înțelegi că nu poți controla totul, dar poți alege cum răspunzi, apare libertatea.

-Ce pot face, chiar și mic, care să mă aducă mai aproape de echilibru?

Criza paralizează. Dar acțiunea conștientă – oricât de mică – reactivează direcția. Uneori e o respirație. Alteori un telefon. Un gest de iertare. O scrisoare netrimisă.

-Ce mă ținea într-un program vechi, și acum pot elibera?

Criza rupe iluzia stabilității. Dar deschide o ușă către renunțare: la o mască, un rol, o credință limitativă, o loialitate dureroasă.

-Dacă această criză ar fi un profesor, ce m-ar învăța?

Această întrebare transformă trauma în lecție. Nu grăbește vindecarea, dar o face posibilă. Schimbă poziția din care privești: din victimă în elev.

Întrebarea finală: Ce aleg să devin în urma acestei crize?

Aceasta nu este despre „rezolvare", ci despre identitate. Criza este un foraj în adâncul ființei. Ce scoți de acolo – frică sau înțelepciu-ne – depinde de alegerea conștientă a sensului.

Poate n-ai ales criza. Dar poți alege cine devii prin ea.

6.8 – Criza ca treaptă de inițiere – O chemare la saltul interior.

Există momente în viața unui om și a unei civilizații când nimic nu mai poate fi ca înainte. Ceea ce părea stabil se prăbușește. Ceea ce părea etern devine inutil. În acel spațiu gol de sens începe adevărata inițiere.

Criza, în forma ei cea mai adâncă, nu este doar o dramă, ci o poartă. O deschidere către o altă identitate. Un ritual dur, dar sacru, de trecere de la vechea formă la o versiune evoluată a sinelui.

Inițierea începe acolo unde frica nu mai poate fi evitată. Așa cum în tradițiile ancestrale tinerii erau supuși unei încercări pentru a deveni maturi, astăzi crizele psihologice, relaționale, spirituale ne inițiază în noi forme de existență. Nu pentru a ne pedepsi. Ci pentru a ne transforma.

Criza nu e obstacolul drumului. Criza este drumul.

Tot ce era „sigur" – identitate, relații, convingeri – este zguduit pentru a lăsa loc unei realități mai autentice. Criza vine ca un catalizator, ca o flacără care arde coaja pentru a elibera miezul viu. Este chemarea la o coborâre în sine, la o moarte simbolică a vechii persoane și la o naștere a unei ființe mai conștiente, mai echilibrate, mai conectate.

Ritmul crizei este ritmul inițierii

Criza te scoate din confort, îți suspendă planurile, îți răstoarnă iluziile. Te obligă să stai în tăcere. În întuneric. În confuzie. Până când nu mai ai altă opțiune decât adevărul. Nu cel învățat. Ci cel trăit.În criză, nu se mai pot purta măști. Nu se mai poate juca un rol. Acolo ești doar tu, cu esența ta. Inițierea nu este un act de voință. Este o acceptare a unui salt inevitabil.Dacă încerci să fugi, criza se repetă. Dacă încerci să controlezi, ea escaladează. Dacă o îmbrățișezi, te duce într-un spațiu pe care nu-l puteai imagina. Criza adevărată te golește de cine credeai că ești, ca să creeze un loc curat pentru cine ești cu adevărat.

Simbioza cu viața începe după inițiere

Inițierea nu este finalul. Este începutul unei noi relații cu realitatea. Una în care nu mai ești în luptă cu viața, ci în dans cu ea. În simbioză.

Abia după criză înveți să asculți, nu să controlezi. Abia

după inițiere începi să întrebi „Ce vrea viața de la mine?", nu doar „Ce vreau eu de la viață?".

Criza, pragul sacru al metamorfozei

Am fost învățați să fugim de crize. Să le tratăm ca accidente sau devieri de la traseul „normal". Dar realitatea e inversă: criza nu este o întrerupere a drumului, ci drumul însuși.Acolo unde totul se rupe, se poate naște ceva ce n-a existat niciodată. Criza nu e o pedeapsă. Este o chemare. O invitație profundă din partea vieții către o existență mai autentică. Ca un clopot interior care bate până ne trezește din uitarea de sine.Fie că vine sub forma unei boli, a unei pierderi, a unei revolte sau a unei pandemii globale – fiecare criză conține o poartă. Una care nu poate fi deschisă decât cu cheia conștienței.

Privită cu ochii Observatorului, criza dezvăluie sensuri: unde am fost orbi, unde am tăcut prea mult, unde ne-am trădat, unde am permis fricii să fie lider. Din această luciditate începe renașterea. Nu spectaculoasă, ci tăcută. Pas cu pas. Gând cu gând. Alegeri mici, făcute cu sinceritate, zi de zi. Aceasta e metamorfoza adevărată.Simbioza nu înseamnă absența durerii. Înseamnă recunoașterea că totul este legat. Că și ce doare poate conține o lecție. Că și haosul poate aduce coerență. Că și moartea unei forme vechi poate naște libertatea unei noi expresii de viață.

Criza nu rupe simbioza. O dezvăluie.

Când renunțăm să ne temem de criză și începem să o ascultăm, se deschide inițierea. În întuneric, apare acel punct de lumină: alegerea de a deveni ceea ce încă nu suntem, dar am fost mereu meniți să fim.

Nu ieșim din criză ca să revenim la ce am fost. Ieșim din criză ca să devenim ceea ce putem deveni împreună.

Capitolul 7

Biologia percepției și anatomia alegerii

Percepția nu este o oglindă fidelă a realității, ci o traducere subiectivă a ceea ce simțim, gândim și înțelegem. Fiecare experiență, emoție sau context lasă o amprentă asupra modului în care filtrăm lumea. De aceea, în fața aceluiași eveniment, două persoane pot avea reacții complet diferite: pentru una e traumă, pentru cealaltă – oportunitate. Biologic, percepția se formează prin interacțiunea dintre sistemul senzorial, sistemul nervos central și memoria emoțională și cognitivă. Ceea ce numim „realitate" este, de fapt, realitatea percepută.

7.1 – Cum „vedem" lumea? – Percepția ca proces biologic și informațional
Lumea pe care o percepem nu este lumea în sine, ci o interpretare interioară a ceea ce există. Această interpretare este modelată, la nivel biologic, de modul în care creierul prelucrează informațiile primite prin simțuri. Nu trăim realitatea, ci o versiune neuronală a acesteia.

Fiecare clipă este decodată printr-un proces complex:
- Ochii nu „văd", ci captează lumină.
- Urechile nu „aud", ci înregistrează vibrații.
- Pielea nu „simte", ci transmite semnale electrice.

Aceste impulsuri sunt trimise în cortexul cerebral, care le traduce în percepție conștientă. Dar creierul nu este un receptor pasiv. El selectează, filtrează, completează. Ceea ce ajunge în conștiință trece printr-o rețea de filtre biologice și psihologice: amintiri, emoții, credințe, programe mentale.

Exemple:
- Un om traumatizat percepe o critică drept atac.
- Un copil neiubit interpretează tăcerea ca respingere.
- O ființă echilibrată vede un obstacol ca o provocare.

Aceeași situație. Trei percepții. Trei realități biologic distincte.

Ce spune știința?

Neuroștiința confirmă: creierul este un sistem predictiv. Cortexul vizual trimite mai multe semnale „în jos" (proiecții despre ce crede că vede) decât primește „în sus" (semnale reale din retină). Așadar, ceea ce vedem este mai mult o poveste construită decât o realitate obiectivă, bazată pe experiențe trecute, emoții prezente și nivelul de conștiență.

De ce contează?

Suferința nu vine din lume, ci din modul în care o interpretăm:
- Un gând repetat creează un filtru.
- Un filtru creează o realitate.
- O realitate trăită devine... viață.

Biologia percepției ne arată un adevăr profund: suntem arhitecții lumii în care trăim. Nu la nivel cosmic, ci personal, concret. Pentru o lume mai bună – mai sigură, mai pașnică, mai iubitoare – trebuie să actualizăm filtrele prin care o percepem.

7.2 – Creierul predictiv: cum completăm realitatea cu presupuneri.

Creierul nu este o oglindă fidelă a realității, ci un „oracol" biologic care anticipează mai mult decât percepe. Neuroștiința cognitivă arată că majoritatea proceselor mentale sunt anticipări construite din trecut, nu reacții la prezent.

Predictibilitate = eficiență

Pentru a economisi energie, creierul „presupune" ce urmează să se întâmple pe baza experiențelor anterioare. Nu vedem lumea cum este, ci cum am învățat că ar putea fi, influențați de:
- Traume nevindecate.
- Medii toxice.
- Educații înfricoșătoare.
- Realități împrumutate inconștient.

Funcția predictivă devine program

Dacă un copil a fost respins, adultul va presupune că orice interacțiune riscă să aducă respingere. Nu pentru că realitatea o spune, ci pentru că creierul a stabilit un șablon. Nu reacționezi la ce este, ci la ce presupune creierul că este.

Realitatea completată cu frică

Un creier care anticipează pericol trăiește un prezent contaminat de trecut. Amigdala (centrul fricii) se activează, cresc hormonii stresului, musculatura se contractă, respirația se accelerează. Chiar fără pericol real, trăiești ca și cum ar exista.

Exemple:
- Un eșec minor declanșează anxietate.
- O tăcere în relație e interpretată ca abandon.
- Un refuz devine o prăbușire identitară.

Predictibilitatea: bună, dar până când?

În supraviețuire, predicția e salvatoare. Dar când devine riguroasă și negativă, e distructivă. Presupunerea constantă a durerii transformă viața într-o colecție de confirmări ale suferinței.

Recalibrarea percepției: medicina neurologică a sufletului.

Vindecarea înseamnă recalibrarea predicțiilor. Nu negi trecutul, ci înveți că prezentul nu trebuie să-l repete.

Pași:

1.**Conștientizarea presupunerii**: „Este un pericol real sau doar presupun?"

2.**Îndoiala fertilă**: „Ce altă variantă există?"

3.**Testarea noii realități**: Aleg să observ, să nu mă grăbesc cu interpretarea.

4.**Construirea unei noi predicții:** Repet un răspuns nou până devine valabil.

Ce spune știința?

Modelele de cogniție predictivă (ex. „free energy principle" al lui Karl Friston) arată că 80-90% din percepție este predicție. Creierul reduce surpriza, confirmând predicții – chiar disfuncționale. Un om traumatizat caută involuntar dovezi că lumea e periculoasă, pentru a păstra iluzia controlului.

Putem antrena creierul?

Da, prin:
- Expunere la experiențe pozitive.
- Autoreflecție asistată.
- Redefinirea eșecului.
- Practici de recunoștință și răbdare.
- Terapii narative și neurofeedback.

Concluzie

Creierul nu e o cameră de filmat, ci un scenarist. Dacă îi cunoști scenariul, îl poți rescrie. Poate lumea e mai blândă, mai surprin-zătoare decât ai fost învățat. Dar vei ști doar dacă alegi să fii prezent, nu să presupui.

7.3 – Emoția ca filtru biologic al percepției.

Nu vedem lumea cu ochii, ci cu mintea – mai exact, cu starea emoțională a momentului. Emoția este filtrul biologic care colorează realitatea, dictând ce selectăm, ce ignorăm și cum interpre-tăm.

Frica strâmtorează. Bucuria dilată.

Neuroștiința arată că frica activează amigdala, declanșând „modul de criză": inimă accelerată, mușchi încordați, câmp vizual și cognitiv îngustat. Totul devine alb sau negru, atac sau fugă.

În schimb, bucuria, recunoștința sau liniștea activează sistemul nervos parasimpatic și cortexul prefrontal, responsabile de decizii, empatie și învățare.

Emoția determină arhitectura deciziei

Nu alegem la fel când suntem calmi sau furioși. Nu interpretăm la fel o privire sau o tăcere în funcție de teamă sau liniște. Gândirea nu e separată de emoție – e influențată de:
• Tonul afectiv intern.
• Siguranța percepută.
• Istoria emoțională.

Exemple:
• În anxietate, ambiguitatea e pericol.
• În recunoștință, ambiguitatea e oportunitate.

Aceeași lume, două filtre. Două realități.

Emoția ca „soft" de interpretare

Emoția este un sistem de operare pentru realitate. Definește ce vezi, cât vezi, cum înțelegi și ce alegi. Percepția părtinitoare (biased perception) e emoțională:
• Un copil rănit vede afecțiunea ca „nesinceră".
• Un adult umilit interpretează o glumă ca atac.
• Un individ controlat trăiește libertatea ca haos.

Cultivarea stărilor coerente

Emoțiile pot fi cultivate prin:
- Recunoștință: Ancorează în abundență.
- Compasiune: Deschide percepția către celălalt.
- Claritate: Creează spațiu între stimul și răspuns.

Aceste stări nu sunt lux spiritual, ci igienă neurologică.
Ce spune știința?
- Recunoștința activează hipocampul și cortexul prefrontal.
- Compasiunea crește activitatea în cortexul insular (empatie).
- Calmarea reduce cortizolul și inflamația.

Emoția dominantă rescrie tiparele neurologice, metabolismul și răspunsul corpului la viață.

Concluzie

Nu trăiești lumea, ci versiunea ei emoțională. Dacă frica e dominantă, vezi pericole și în flori. Dacă pacea e fundamentul, găsești lumină și în întuneric. Schimbă-ți lentila emoțională prin respirație, stare, ritm – și vei descoperi că viața nu e lipsită de sens. Doar priveai printr-un geam murdar.

7.4 – Automatismul decizional – De ce nu alegem cu adevărat.

Crezi că îți controlezi deciziile? Neuroștiința spune că peste 95% sunt automate, dictate de condiționări, frici și traume. Un „nu pot" la o oportunitate e ecoul unui „nu ești în stare" din copilărie. O repliere în conflict e reflexul unui copil care a învățat că tăcerea protejează.

Creierul alege ce e cunoscut, nu ce e bun

Deciziile sunt predictive, emoționale, automatizate, bazate pe:
- Programe familiale („Cum se reacționează la noi?").

- Traume neprocesate („De ce să mă feresc?").
- Cultura colectivă („Ce e normal?").
- Recompense emoționale („Ce mă făcea bun?").

Rezultatul? O mascaradă a alegerii.

Oamenii:
- Rămân în relații toxice, deși suferă.
- Aleg joburi care le consumă sufletul.
- Revin la obiceiuri distructive.
- Amână schimbarea, invocând „nu știu de ce".

Adevărul: Nu ne temem de schimbare, ci de ieșirea din cunoscut.

Deautomatizarea alegerii:

1.**Observare**: Surprinzi decizia automată („De ce am spus da?").

2.**Întrebare**: Pui sub semnul întrebării reflexul („E alegerea mea sau reacția mea?").

3.**Alegere conștientă**: Propui o variantă nouă („Ce aș face dacă aș fi liber?").

4.**Act simbolic**: Faci o mică schimbare (ex. spui „nu" unde ziceai „da").

Aceste acțiuni sunt neuroplastice: fiecare alegere nouă construiește o rețea neuronală. Învățăm libertatea prin exercițiu.

Concluzie:

Libertatea nu e absența constrângerilor, ci recunoașterea a ce nu e al tău și alegerea din nou. Adevărata libertate e să știi de ce faci ce faci. Până nu găsești acel „de ce" autentic, alegerile sunt variații ale trecutului.

7.5 – Alegerea conștientă – actul suprem de libertate.

A alege conștient e cel mai profund act de emancipare

interioară. Nu e un gest banal, ci o pauză sacră între stimul și răspuns, unde omul creează o cale nouă.

Citat: „Între stimul și răspuns există un spațiu. În acel spațiu se află libertatea noastră." – Viktor Frankl

Pauza e poarta libertății:
- Emoția e observată, nu decide.
- Trecutul e conștientizat, nu dictează.
- Individul devine autorul vieții sale.

Fundamentul neurologic

Alegerea conștientă e susținută de cortexul prefrontal (ventromedial și dorsolateral), care mediază:
- Judecata etică.
- Reglarea emoțională.
- Proiecția în viitor.
- Empatia și compasiunea.

În stres, amigdala „inundă" aceste zone. Prin introspecție, meditație sau întrebări, cortexul prefrontal se reactivează, permițând alegeri, nu reacții.

Alegerea conștientă cere antrenament

Se învață prin:
- Întrebări zilnice: „E răspunsul meu vechi sau o alegere nouă?"
- Autoreflecție: „Ce m-a condus la această decizie? Frica sau scopul?"
- Pauze de respirație: „Ce aleg să simt acum?"

Alegerea conștientă = responsabilitate

A alege înseamnă a asuma consecințele. Omul devine creator, nu victimă. Puterea vine din claritate, nu din control. Nu controlezi ce ți se întâmplă, dar alegi cine devii prin ce faci.

Concluzie:

Alegerea conștientă eliberează din lanțurile programelor.

E o declarație de identitate, o reconectare la sine, la valori, la prezent. E începutul vindecării, revoluției interioare și simbiozei autentice. Nu spui „așa sunt eu", ci „așa aleg să fiu".

7.6 – Programare biologică vs. alegere personală.

Când instinctul întâlnește conștiința, apare omul adevărat. Omul nu se naște liber, ci programat. Corpul, mintea și emoțiile funcționează pe coduri biologice pentru supraviețuire. Ne temem, ne apărăm, iubim ce e sigur, fugim de necunoscut. Aceasta e programarea biologică: eficientă, dar limitativă.

Instinctul caută supraviețuirea, nu fericirea

Creierul preferă familiarul, chiar disfuncțional, în detrimentul necunoscutului, oricât de promițător. De aceea, repetăm tipare dureroase, rămânem în relații toxice sau respingem schimbarea. Biologia trage înapoi.

Conștiința: puterea de a transcende

Conștiința e martorul interior care spune: „Doar pentru că sunt programat așa, nu trebuie să trăiesc așa." Ea introduce un spațiu între impuls și acțiune – liberul arbitru funcțional.

Exemple:
• Iertăm, deși instinctul cere răzbunare.
• Rămânem prezenți, deși mintea cere fugă.
• Iubim, deși inima a fost rănită.

Evoluția prin alegeri

Epigenetica arată că alegerile repetate modifică expresia genelor. Devenim ceea ce exersăm. Nu e utopie – e adevăr științific, filosofic, spiritual. Suntem programați să supraviețuim, dar putem alege să trăim.

Concluzie:

Libertatea autentică e să alegi sensul, nu doar să urmezi

codul biologic. Aceasta ne face oameni, liberi, constructori ai unei lumi noi.

7.7 – Exemplul practicat – Oameni care au ales altfel.
Schimbarea profundă e o biografie rescrisă. Exemplele vii inspiră mai mult decât teoria.

Blândețea născută din violență

Un bărbat crescut în violență alege să rupă lanțul. Când fiul său sparge un obiect, în loc de furie, spune: „E doar un obiect. Tu ești mai important." Violența transgenerațională se oprește printr-o alegere.

Iertarea care nu s-a cerut

O femeie trădată alege să ierte, nu pentru el, ci pentru liniștea ei. „Furia lui nu trebuie să devină casa mea." Un program se rescrie.

Abstinența ca libertate

Un tânăr dependent alege să lupte. După ani, devine consilier terapeutic, salvând alții. Fiecare client e o victorie asupra dependenței care nu s-a repetat.

Miracole anonime

• Un om abuzat devine educator pentru a schimba sistemul.

• O femeie de 60 de ani începe să picteze, depășind rușinea.

• Un bătrân spune „te iubesc" nepotului, rupând tăcerea.

Alegerea – virusul pozitiv

Fiecare alegere conștientă e o mutație evolutivă. Transformarea personală schimbă relațiile, valorile, comunitatea. „Fii schimbarea" nu e un citat – e o ecuație neurobiologică. Revoluția începe cu un om care alege altceva.

7.8 – Reprogramarea percepției: Cum ne „reeducăm" biologia.

„Nu vedem lumea așa cum este. Vedem lumea așa cum suntem." – Anaïs Nin

Percepția e un mecanism de interpretare guvernat de trăiri și presupuneri. Neuroștiința confirmă: 80-90% din percepție e predicție. Creierul „ghicește" lumea, dar eficiența vine cu un preț: ne închidem într-o realitate familiară, nu actuală.

Percepția e maleabilă

Neuroplasticitatea arată că percepția poate fi antrenată. Studii (Davidson, Harvard) demonstrează că meditația și mindfulness-ul modifică zonele cerebrale implicate în percepție, empatie și autoreglare.

Cum reprogramăm percepția?

1.**Expunere la stimuli pozitivi**: Plimbări în natură, conversații calde, muzică înălțătoare – rescriu harta siguranței.

2.**Reflecție dirijată**: „E real ce percep sau e program?" Reîncadrarea oferă alternative funcționale.

3.**Practici contemplative**: Meditația și mindfulness-ul liniștesc mintea, creând claritate.

4.**Ritualizarea noii percepții**: Note, recunoștință, acțiuni care validează emoția nouă.

De la percepție la realitate

Percepția generează reacții fiziologice, decizii, relații. O lume percepută ca periculoasă creează alertă; una primitoare creează încredere. A schimba percepția e a schimba viața.

Concluzie:

Reprogramarea percepției e o necesitate evolutivă. Într-o lume zgomotoasă, omul trebuie să devină autorul lentilelor sale. Să întrebe: „Ce percep mă ajută sau mă sabotează?"

Percepția e primul pas spre lume; reprogramarea ei, spre libertate.

7.9 – Simbioza dintre percepție și alegere.
„Nu ceea ce ni se întâmplă ne definește, ci modul în care alegem să percepem ce ni se întâmplă."
Percepția și alegerea formează un circuit simbiotic: percepția influențează ce alegem, iar alegerile modifică ce percepem.

1. Percepția influențează alegerea.
O lume percepută ca nesigură duce la evitare sau atac. Una primitoare inspiră colaborare și creativitate. Percepția filtrează opțiunile posibile neurologic.

2. Alegerea influențează percepția.
Alegerea conștientă reeducă percepția. Dacă privesc o emoție cu compasiune, nu mai e amenințare, ci mesaj. Acțiunile modelează credințele despre sine (experiență autoreferentă).

3. Cercul viu: percepție ↔ alegere
Dacă percepția e limitativă și alegerea automată, rămânem în suferință. Dacă percepția e conștientă și alegerea deliberată, intrăm în transformare.

4. Responsabilitatea sinelui
Nu mai spunem „așa sunt eu", ci „așa m-am perceput și am ales". Simbioza cere conștiență, prezență, onestitate.

5. Aplicație practică
• Cum percep această zi: amenințare sau oportunitate?
• Ce aleg acum, conștient, chiar dacă impulsul e altul?
• Ce percepție nouă pot cultiva prin alegerea mea?

Concluzie:
Simbioza dintre percepție și alegere e mecanismul

evoluției personale. Alegerea conștientă hrănește percepția; percepția hrănită naște o realitate nouă. Omul devine co-creator, nu prizonier.

7.10 – Concluzie: Anatomia percepției, arhitectura libertății.

Percepția e solul. Alegerea e sămânța. Viața – recolta.

Percepția e descifrarea modului în care trecutul, emoțiile și credințele modelează lentila realității. Arhitectura libertății începe în pauza dintre stimul și reacție, unde omul devine constructor al unei alte realități posibile.

Adevărata libertate e să nu fii sclavul percepției neanalizate. Fiecare moment de introspecție e o reconfigurare biologică și spirituală. Creierul se modifică, corpul se liniștește, viața prinde sens.

Această aliniere e vindecătoare și creatoare. Fiecare percepție vindecată și alegere asumată reverberează în câmpul colectiv. O picătură schimbă oceanul.

Percepția e un act educațional; alegerea, un act pedagogic universal. Dacă un om poate vedea, simți și alege altfel, și omenirea poate.

Aceasta e arhitectura libertății într-o lume simbiotică: o conștiință care percepe lucid, alege responsabil și co-creează o realitate coerentă pentru toți.

Capitolul 8

Vindecarea rănilor colective și trauma speciei.
De la durerea umanității la conștiința regenerării.

Trauma colectivă nu e doar suma suferințelor individuale, ci o rădăcină adâncă ce modelează memoria și comportamentul umanității. Vindecarea ei începe cu fiecare individ care alege să rupă lanțul durerii, transformând-o în compasiune, solidaritate și evoluție.

8.1 – Ce este o traumă colectivă? – Durerea care nu aparține doar unui om.

Trauma colectivă transcende individul. Holocaustul, sclavia, genocidurile, dictaturile, pandemiile sau abandonul emoțional transgenerațional sunt răni care se imprimă în conștiința generațiilor, modelând frici sociale, convingeri limitative și reacții disproporționate: xenofobie, apatie, neîncredere instituțională.

Cum se manifestă?

Durerea neprocesată devine:
• Frica de autoritate după dictaturi.
• Preferința pentru stabilitate în locul libertății după războaie.
• Fobia de contact uman după pandemii.

Aceste traume sunt un virus informațional, alterând reflexele culturale și emoționale. Un popor poate moșteni rușinea, vinovăția sau frica de libertate, transmise inconștient prin educație, legi nescrise sau comportamente.

Vindecarea

Traumele nu se șterg prin uitare, ci prin:

- Recunoaștere: Conștientizarea rănilor colective.
- Procesare: Înțelegerea impactului lor.
- Transmutare: Transformarea durerii în solidaritate și sens.

Fiecare individ care refuză să reproducă mecanismele dureroase contribuie la rescrierea memoriei speciei. Vindecarea personală devine un act de slujire colectivă.

8.2 – Cum se transmite trauma între generații – Ecoul durerii nespuse.

Trauma nu se transmite doar prin povești, ci prin tăceri, gesturi, reacții disproporționate. Copiii absorb aceste coduri ca norme existențiale:
- „Nu e voie să simt."
- „Supraviețuiesc, nu trăiesc."
- „E periculos să fiu diferit."

Mecanismele transmiterii
- Neurobiologia atașamentului: Un părinte anxios transmite o lume percepută ca periculoasă.
- Epigenetica: Experiențele traumatice modifică expresia genelor, transmițând predispoziții la frică sau vinovăție.

Semne ale moștenirii
- Frica inexplicabilă.
- Reacții exagerate la stimuli neutri.
- Vinovății fără cauză.
- Autosabotaj în fața succesului.

Transformarea

Trauma nu e un destin, ci o invitație la conștientizare. Prin observarea tiparelor care „nu-ți aparțin", devii un punct de cotitură în arborele genealogic. Alegi să spui: „Până aici. Nu mai transmit durerea." Vindecarea personală rescrie linia de sânge, devenind un act de generozitate colectivă.

8.3 – Când o specie devine victima propriei inconștiențe?
Specia umană, prin mecanisme automate și nerevaluate, se autodistruge. Inconștiența colectivă – frici reprimate, sisteme disfuncționale – amplifică crize:
• Exploatarea planetei fără vindecarea traumelor interioare.
• Căutarea eficienței fără adresarea rușinii sau fricii.
• Soluții tehnologice ce ignoră probleme emoționale.
Neuroștiința socială
Mintea umană e „contagioasă" prin neuroni oglindă și limbaj non-verbal. Frica sau vinovăția cronică devin norme sociale, normalizând anxietatea și neîncrederea. Societatea devine un sistem nervos în criză.
Consecințe
• Creșterea bolilor psihosomatice și depresiei globale.
• Polarizarea socială și colapsul încrederii în viitor.
Soluția
Ce e generat colectiv poate fi vindecat colectiv. Conștiența e cheia: umanitatea trebuie să-și recunoască rănile, devenind participant activ în propria transformare. Vindecarea nu e un moft, ci o strategie de supraviețuire.

8.4 – Timpul ca instrument de aliniere interioară.
Timpul nu e doar un ceas – e o frecvență de coerență interioară. Când ești aliniat cu ce simți, gândești și faci, timpul se dilată. Când trăiești în conflict, se grăbește, fragmentându-se în haos.
De ce „nu avem timp"?

Nu orele lipsesc, ci prioritățile coerente. Timpul reflectă claritatea interioară, devenind un barometru al sănătății emoționale.

Neurologic
• În starea de „flow", cortexul prefrontal și sistemul limbic se echilibrează, dilatând timpul.
• În stres, cortexul prefrontal e inhibat, timpul devine agresiv, insuficient.

Timpul ca maestru pedagogic
• În tradițiile contemplative, timpul e „onorat", nu consumat. O clipă conștientă transformă prezentul în eternitate.
• A trăi în simbioză cu timpul înseamnă a-l asculta ca pe o busolă, nu a-l controla ca pe un ceas.

Concluzie
Timpul devine aliat când trăim cu sens, nu în supraviețuire. Claritatea interioară transformă timpul într-un dar, o punte între simțire și devenire.

8.5 – Cronos și Kairos – Două timpuri, două vieți.

Cronos: Timpul liniar, al ceasurilor și termenelor-limită. Organizează structura vieții sociale.

Kairos: Timpul calitativ, clipa de revelație, fereastra divină a sensului. Timpul sufletului.

Diferența
• Cronos e măsurabil: programări, productivitate.
• Kairos e trăit: o întâlnire care schimbă viața, o decizie care rupe bucle.

Neurologic
Kairos apare când rețelele implicite ale creierului scad, iar insula și cortexul prefrontal devin dominante, suspendând

timpul într-o „eternitate în miniatură".
Simbioza
• Cronos oferă continuitate; Kairos, direcție.
• Oponerea lor creează dezechilibru; integrarea lor e dansul vieții.
Un om înțelept întreabă: „E momentul potrivit?" Nu forțează timpul, dar nici nu-l ratează. O clipă Kairos trăită conștient dă sens anilor de Cronos.
Concluzie:
Timpul trăit cu sens nu se măsoară în ani, ci în clipe pline. Transformă fiecare zi într-un spațiu sacru de reconfigurare interioară.

8.6 – Timpul personal versus timpul colectiv.
Trăim pe două axe:
• Timpul personal: Ritmul interior al maturizării, iertării, schimbării.
• Timpul colectiv: Presiunea socială a normelor („E timpul să faci bani").
Conflictul:
Discrepanța dintre ele generează anxietate: simți că ești „în întârziere". Forțarea maturizării sau stagnarea creează rupturi interioare.
Neurologic:
• Timpul personal activează rețelele introspective (reflecție, visare).
• Timpul colectiv activează conformarea și competiția socială.
Educația viitorului
Trebuie să învețe armonizarea:
• Ascultă-ți timpul interior (când să lași, să pornești).

• Integrează ritmurile colective fără a-ți pierde autenticitatea.
Concluzie:
Timpul tău nu e o întârziere, ci o misiune unică. Simbioza dintre timpuri creează o simfonie socială, unde fiecare suflet înflorește în propriul anotimp.

8.7 – Cum folosim timpul ca aliat în vindecare
Timpul nu vindecă – adevărul, acceptarea, alegerea conștientă vindecă. Timpul e pânza pe care pictăm: frică sau iertare, stagnare sau transformare.
Cum folosim timpul?
• Nu ca scuză („Mai am nevoie de timp"), ci ca aliat activ: „Ce pot face azi pentru a rescrie durerea?"
• Onorând „ferestrele de oportunitate" neuroplastice, când mintea e receptivă la schimbare.
Practic:
• Învață din trecut, nu fugi de el.
• Construiește viitorul prin decizii zilnice.
• Alege azi un gând, o emoție, o acțiune mai apropiată de adevărul tău.
Neuroplasticitate:
Vindecarea se întâmplă în momente de intenție conștientă, rescriind trauma prin sens. Timpul devine solul în care rădăcinile vindecării prind putere.
Concluzie:
Vindecarea nu cere ani, ci clipe trăite conștient. Timpul devine partener, punte, martor al renașterii, când alegi să nu mai hrănești rana.

8.8 – Concluzie – Timpul: maestrul invizibil care ne învață să fim.

Timpul e pedagogul suprem. Nu pedepsește, ci oferă 24 de ore zilnic, nu pentru că le meriți, ci pentru că exiști.

A trăi în timp
- Nu te grăbi, nu amâna, nu supraviețui.
- Alege, simte, trăiește înăuntrul timpului.

Timpul ca oglindă
Reflectă ritmul interior: conflicte, iubire, fuga sau întoarcerea spre sine. Nu timpul rănește, ci absența din el. Nu îmbătrânește, ci pierderea sensului.

Practic:
- Fiecare clipă e un portal de renaștere.
- Prezența, recunoștința, luciditatea transformă timpul în spațiu sacru.

Concluzie:
Timpul e iubirea care așteaptă să ne întoarcem Acasă. În fiecare alegere conștientă, devenim maeștri ai propriei vieți, co-creatori ai unei umanități regenerate.

Capitolul 9

Trauma speciei și saltul de conștiință colectivă.

9.1 – Trauma speciei: moștenirea durerii nespuse.

Există o suferință care nu aparține doar unui om, ci întregii specii. O durere transmisă nu prin cuvinte, ci prin gesturi, reflexe, frici și rețineri colective. Este trauma nespusă a omenirii – trăită, dar niciodată pe deplin înțeleasă. A fost tăcerea celor care au murit în războaie, groaza celor excluși, umilința asupriților. Este memoria emoțională a planetei umane.

Această traumă nu locuiește în cărțile de istorie, ci în corpuri, în vise, în reacții automate. Se manifestă prin neîncrederea în ceilalți, frica de abandon, nevoia compulsivă de control sau supunere. Este motivul pentru care mulți simt anxietate fără cauză, rușine fără greșeală, vinovăție fără faptă.

Trauma speciei e o rană nevindecată, ce nu aparține unui individ anume, dar se exprimă prin fiecare. Se întinde peste generații, granițe și culturi – ecoul suferințelor nespuse, neprocesate, netransmutate în înțelepciune. Nu vorbește în cuvinte, ci în simptome: boli psihosomatice, crize existențiale, depersonalizare, alienare socială.

Este trauma care face un copil născut în pace să simtă frica războiului. Femeia liberă să simtă vinovăția de a vorbi sau de a exista dincolo de un model impus. Poporul să-și submineze valorile, să-și urască oglinda și să caute un stăpân – o suferință recunoscută în sânge, dar uitată în înțeles.

Aceste memorii se imprimă în inconștientul colectiv, în vibrația limbajului, în codurile emoționale ale socializării. De aceea, un om se poate simți vinovat doar pentru că există sau rușinat doar pentru că e diferit. Trauma speciei transformă suferința în limbaj de apartenență: ne definim prin ce am pierdut, nu prin ce suntem; ne aliniem prin frică, nu prin sens; ne solidarizăm în durere, dar ne rușinăm de fericire.

Vindecarea cere o nouă conștiință: una care nu neagă trecutul, dar nici nu-l idolatrizează; care recunoaște suferința, fără s-o transforme în identitate; care onorează memoria, fără s-o lase să dicteze viitorul. Această conștiință nu e utopică – e în curs de naștere în fiecare om ce alege să iasă din pilotul automat. În fiecare terapeut, educator, părinte sau copil care spune: „Până aici. Eu aleg să simt altceva."

Trauma speciei nu se vindecă într-o zi, dar se dezactivează printr-o alegere: un gest conștient de iubire, o voce care nu mai tace.

9.2 – Memoria celulară și inconștientul colectiv

Carl Gustav Jung a descris inconștientul colectiv ca un depozit universal de arhetipuri și experiențe umane. Neuroepigenetica confirmă astăzi că emoțiile și traumele se transmit transgenerațional prin coduri biochimice și comportamente învățate. Durerea colectivă devine moștenire personală.

Frica de a vorbi, de a fi vizibil sau de a schimba ceva nu e mereu a ta. Poate fi vocea unei bunici pedepsite pentru gândirea liberă sau a unui strămoș umilit pentru credința sa. Poate fi trauma unei etnii sau națiuni, încă vie în ADN-ul comportamental al urmașilor.

Aceste fragmente de traumă devin memorie celulară – nu mistic, ci concret: sistemul nervos înregistrează durerea, iar rețelele neuronale o reproduc la stimuli similari. Nu trebuie să fi fost tu rănit pentru a simți rana – e suficient ca programul durerii să fie activat de o amintire colectivă.

Inconștientul colectiv nu e doar metaforă. Trăiește în frica de autoritate, în tendința de a ne conforma, în rușinea de a fi diferiți. Un popor traumatizat își reproduce și normalizează durerea, transformând frica în virtute, umilința în normă, tăcerea în strategie. Generațiile cresc în acest câmp energetic, învățând că a fi viu complet e periculos.

Neuroepigenetica arată că experiențe intense (foamete, războaie, persecuții) modifică expresia genelor – nu ADN-ul, ci modul în care e citit. Astfel, un copil poate moșteni anxietatea bunicii, nu doar ochii ei.

Memoria celulară cere conștientizare. Întrebarea „Acest gând, această frică, acest tipar... îmi aparține mie?" e simplă, dar revoluționară. Recunoscând că porți suferința altora, poți începe eliberarea – nu prin negare, ci prin alegere.

Maturizarea spirituală nu înseamnă să devii altcineva, ci să fii tu, eliberat de vocile străine. Onorează trecutul, dar nu-i mai juca rolul. Ieși din inconștientul colectiv prin reprogramare conștientă, nu revoltă.

9.3 – De la rană colectivă la responsabilitate comună.

Nu putem schimba trecutul, dar decidem ce facem cu moștenirea lui. Rănile colective nu dispar prin uitare, ci prin asumare. Dacă durerea a fost trăită împreună, vindecarea se face la fel.

Responsabilitatea nu e despre vină, ci despre putere. E să privești trecutul și să spui: „Nu mai trăim așa. Am înțeles lecția. Aleg altceva." Războaie, genociduri, colonizări, dictaturi au lăsat urme, dar și coduri de învățare. Cine își asumă rana, își asumă și vindecarea – posibilă doar văzându-ne ca co-creatori, nu vinovați.

frecvența coerenței.
Știința iubirii: Pionieri precum Gregg Braden, Joe Dispenza și HeartMath Institute arată că iubirea e o stare măsurabilă, antrenabilă, care reglează organismul și mediul.
Concluzie: Iubirea e știința unității în acțiune, mecanismul coerenței universale. Când iubești necondiționat, înțelegi Universul fără a mai cere dovezi.

11.2 – Sacrificiu, sacrilegiu și templu: istoria iubirii în civilizații.
Iubirea e nobilă și periculoasă, glorificată în temple, trădată în piețe, scrisă în cărți sacre, crucificată în numele legii.
Sacrificiul:
• Iubirea autentică oferă, nu cere: Isus se jertfește pentru umanitate, Buddha renunță la tron pentru eliberare, mamele ard în tăcere pentru copii.
• Sacrificiul transformă iubirea în cod de dăruire, înnobilând tot ce atinge.
Sacrilegiul:
• Iubirea deturnată devine control, violență, posesie: războaie religioase, gelozie, abuzuri.
• E iubirea uitată de sine, care neagă libertatea celuilalt – un sacrilegiu ontologic.
Templul:
• Iubirea e spațiu sacru: în yoga (bhakti), sufism (dansul dervișului), cabala (chesed).
• Trupul devine altar, sufletul preot, conștiința rugăciune.
• Iubirea supremă e autosuficientă, fiind TOTUL.
Formele iubirii (grecii antici):
• Eros: Atracție senzuală, dorință.

- Philia: Prietenie, încredere.
- Agape: Iubire necondiționată, divină.

Istoria:
- Tribal: Iubire ca supraviețuire (legături de sânge).
- Imperii: Loialitate față de patrie/zei.
- Modern: Libertate individuală, deturnată în consum.
- Viitor: Iubire ca recunoaștere a întregului.

Concluzie: Iubirea e istoria umanității – rescrisă prin dăruire, ratată prin posesie. Doar iubirea conștientă susține o lume interconectată.

11.3 – Facerea lumii ca act de iubire: de la Geneza la Big Bang.

Crearea lumii, mitologică sau științifică, e un act de iubire informațională, o voință de manifestare și coerență.

Geneza:
- Crearea e ordonată: „Și a văzut Dumnezeu că era bun."
- Mesaj: Ești voit, iubit, parte dintr-un plan coerent, nu un accident.

Big Bang:
- Universul începe ca singularitate, expandând în diversitate armonică.
- Termodinamica (Ilya Prigogine) arată o tendință spre complexitate organizată, reflectând iubirea ca forță creatoare.

Puntea mit-știință:
- Geneza: Viața e dorită, cu rost.
- Big Bang: Totul pornește din unitate, căutând întregul.
- Ambele: Viața e autoorganizare conștientă.

Adevărul:
- Adevărul unei idei stă în efectul său: sens, vindecare, compasiune.

Avem două opțiuni: perpetuăm rana prin reactivare inconștientă sau o transmutăm în înțelepciune comună. Alegerea cere o paradigmă nouă: de la reacție la reconstrucție.

Asumarea nu înseamnă retrăirea, ci procesarea conștientă: învățare, transmitere diferită. În educație, spunem adevărul despre trecut fără ură sau cosmetizare – istoria ca lecție a umanității. În psihologie, transformăm tiparele: frica devine grijă conștientă, rușinea – demnitate, tăcerea – cuvânt vindecător. În spiritualitate, rănile devin trezire – Holocaustul a născut pace, discriminarea – dreptate.

Responsabilitatea colectivă vine din empatie, nu ideologie. Recunoaștem în suferința celuilalt o parte din noi, refuzând durerea ca separare și transformând-o în punte. Ne vindecăm împreună sau nu ne vindecăm deloc – trauma cere constructori de sens, purtători de lumină.

9.4 – De ce repetăm durerea? – Trauma netratată ca program social.

Repetiția e mecanismul traumei: ce nu e înțeles se repetă, ce nu e exprimat se joacă din nou. Societățile traumatizate recreează condițiile durerii – loialitate inconștientă sau tentativă de reparație greșită.

Țări sub dictaturi nasc lideri autoritari. Popoare umilite devin agresive. Națiuni înfometate dezvoltă elite lacome. Aceste paradoxuri sunt traume ce caută soluții eronate. Trauma netratată devine program social, influențând alegeri, economii, educație și norme de suferință acceptată.

La nivel individual, e auto-sabotaj; la nivel colectiv, instituții și mentalități ce perpetuează durerea. Devenind „normală", întrebăm rar: De ce acceptăm inechitatea? Abuzul de putere? Educația prin frică? Răspunsul e simplu: am fost învățați de o istorie netransformată.

Repetiția persistă fără spațiu de procesare – fără ritualuri de plâns, iertare sau asumare. Trecutul nespus devine destin, nu pentru că e imuabil, ci pentru că nu e întrerupt.

Ieșirea cere întrebarea: „Acest sistem, comportament, mod de a trăi – e alegere sau moștenire?" Conștientizarea oprește programul. Vindecarea e un imperativ educațional, politic și spiritual:
- Rescriem istoria onest și integrator.
- Reducem retraumatizarea socială (inechitate, violență).
- Introducem educația emoțională.
- Cultivăm empatia ca normă.

Ce acceptăm devine real. Normalizăm trauma, perpetuăm trecutul. Normalizăm conștientizarea, construim viitorul.

9.5 – Răspunsul conștient – Cum se vindecă o specie?

Trauma colectivă nu se vindecă prin politică sau revoluție externă, ci prin masă critică de conștiințe vindecate. Omenirea se schimbă prin inspirație, nu forță.

Vindecarea începe când destui oameni procesează moștenirea strămoșească. Nu forțezi conștiința, o inspiri prin întrebări. Se naște din:
- Acceptarea trecutului fără identificare.
- Observarea prezentului cu luciditate, nu frică.
- Crearea de noi repere conștiente.

Trauma se topește când devine lecție colectivă. O generație care alege să creeze, nu să repete, declanșează saltul. E o revoluție tăcută – transformarea se măsoară în iubire profundă, gând clar, sens trăit.

Vindecarea nu e misiunea liderilor, ci a fiecărui om ce alege să nu mai rănească, să nu mai mintă, să nu mai fugă. Când milioane de inimi fac asta, apare saltul colectiv – nu decretat, ci pregătit.

Trauma nu mai e povestea noastră, ci ce am învins împreună.

9.6 – Ritualuri de vindecare colectivă – De la durere la celebrare.

Vindecarea nu e uitare. Culturile folosesc doliul, comemorările, ritualurile de iertare – ca Africa de Sud cu Comisia pentru Adevăr și Reconciliere sau Ruanda cu tribunalele comunitare. Un ritual nu e mistic, ci rescrie realitatea simbolic: o înmormântare e acceptare, o comemorare e eliberare.

Funcționează pentru că durerea e emoțională, corporală, arhetipală – cerând un răspuns trăit, nu doar rațional. Un ritual poate fi:

• O masă a împăcării între generații.
• O zi națională de reflecție asupra traumelor.
• O rugăciune colectivă pentru eliberarea fricii.
• Un moment de iertare față de noi înșine.

Vindecarea cere prezență, recunoaștere, alegere – nu vinovați. Ritualul e puntea dintre nevăzut și văzut, suferință și speranță. O comunitate ce plânge împreună capătă puterea să se vindece împreună, nașterea unei legături bazate pe înțelepciune, nu traumă.

9.7 – Trauma ca trambulină evolutivă – O altă viziune asupra durerii colective.

Trauma, văzută ca lecție, devine trambulină. Suferința comună creează empatie, durerea istorică – responsabilitate. Războaie au dus la tratate, sărăcia la cooperare, discriminarea la drepturi civile. Crizele poartă sămânța transformării.

Ca durerea fizică, trauma socială e un semnal. Rănile arată unde am uitat să fim oameni. Răspunsul e integrarea, nu fuga. Trauma devine cod de trezire, foc sacru ce arde inconștiența pentru o conștiință superioară.

Societățile cu traume adânci pot deveni faruri de empatie și inovație. Durerea transformată e sol fertil pentru etică superioară, solidaritate autentică, conștiință planetară. În biologie, țesuturile se regenerează mai rezistente post-traumă; la fel, societățile conștiente devin mai unite.

Rănile nu se uită, dar se transfigurează. Simbioza le transformă în punți – între generații, etnii, culturi. Suferința care ne-a separat devine motivul regăsirii. Trauma e darul necerut ce, deschis cu luciditate, deține cheia libertății comune.

9.8 – Concluzie – Simbioza rănilor, vindecarea unei specii.

O rană colectivă începe să se vindece cu fiecare individ. Ca o celulă sănătoasă ce influențează țesutul, un om conștient vindecă invizibil comunitatea.

Suferința devine întrebare, rana – reflecție, trauma – alegere de a nu repeta. Simbioza rănilor e conștientizarea interdependenței: ce doare în mine doare și în tine; ce vindec în mine eliberează și în tine. E temelia unei noi civilizații – bazată pe asumare, nu frică; pe transformare, nu negare.

Vindecarea colectivă e chemarea secolului – nu din

Exemplul viu:
• Nu predica, fii bun.
• Nu cere schimbare, devino schimbarea.
• Un om aliniat creează rezonanță colectivă, ca păsările în stol.

Viziune:
• Omenirea e un experiment spiritual, un dans al Sinelui Universal.
• Fiecare om e o voce esențială în corul cosmic.

Concluzie: Lumea se vindecă prin oameni vii, nu prin teorii. Fii o celulă conștientă în trupul umanității, trăind menirea cu umilință și iubire.

Chemarea eternă a Ființei: între adânc și cer

Menirea e glasul interior care te cheamă să fii punte între cer și pământ. Nu e carieră, premiu sau funcție, ci locul tău viu în simfonia creației.

Adevărul:
• Fiecare rană, criză, lacrimă a pregătit solul sensului tău.
• Simbioza e harta, menirea e direcția, iubirea e combustibilul.

Apel:
• Nu amâna miracolul care ești.
• Trăiește-ți menirea cu fiecare clipă, cu umilință și bucurie.
• Fii celula care vindecă umanitatea, una câte una, apoi toți împreună.
• „Tu ești miracolul pe care lumea îl aștepta. Devino ce ai venit să aduci."

Capitolul 11

Iubirea ca arhitect al vieții: dincolo de sentiment, un cod informational.

Iubirea nu e doar emoție, ci codul tăcut care structurează existența. E forța care leagă particulele, ordonează haosul și dă sens evoluției – limba primordială a Universului, vorbită de celule, stele, ape și suflete.

11.1 – Iubirea ca fundament al realității.
Iubirea transcende sentimentul; e principiul ordonator manifestat în:
• Biologie: Coerența inimă-creier activează sistemul parasimpatic, reduce inflamația, stimulează regenerarea celulară, prelungește viața.
• Educație: Copiii învățați cu iubire dezvoltă un creier emoțional sănătos, devenind empatici și autonomi. Un profesor iubitor modelează destine.
• Terapie: Iubirea, ca prezență stabilă, reconfigurează trauma, nu ca emoție sentimentală, ci ca forță vindecătoare.
• Fizică: Forțele de atracție și legăturile stabile reflectă iubirea ca liant al materiei.
• Spiritualitate: Iubirea e calea spre Divin, o trăire de interconexiune totală, dincolo de limbaj, religie sau cultură.
Impact:
• Iubirea creează armonie în trup, claritate în minte, echilibru în relații.
• E simbioză conștientă: recunoașterea celuilalt ca parte a aceluiași întreg.
• Fără iubire, începe boala; cu iubire, viața vibrează pe

• Iubirea nu se demonstrează, ci se trăiește, ca stare de coerență, nu luptă.

Concluzie: A crede că iubirea a creat lumea e o alegere de a trăi în sens, încredere și simbioză, nu în haos sau frică.

11.4 – Simbioza iubirii: când nu mai iubești ca să primești Simbioza e iubirea matură: există împreună, din plinătate, nu din lipsă.

Caracteristici:
• Nu completezi goluri, ci strălucești împreună.
• Nu ții pe cineva din frică, ci din firesc.
• Celebrezi diferențele, nu ceri conformitate.

Libertatea în iubire:
• Iubești fără să legi, ești prezent fără să cucerești.
• Simbioza e codul vieții: celule, natură, specii colaborează interdependent.

Impact social:
• Iubirea simbiotică transformă societatea: colaborare în loc de dominare, susținere în loc de consum.
• E iubirea care nu doare, nu cere, ci creează.

Concluzie: Iubirea simbiotică e coerența sufletelor, puntea dintre lumi. Nu dispare, căci e vibrație, nu posesie – fundamentul unei umanități conștiente.

11.5 – Concluzie: Iubirea ca lege finală.

Toate temele – trauma, apartenența, vindecarea – converg spre iubire, legea universală care unește ce părea separat.

Iubirea e:
• Limba celulelor, muzica stelelor.
• Firul dintre trecut și viitor.

- Conștiința care reordonează haosul.

Apel:
- Nu întreba „unde e iubirea?", ci „ce aș face dacă aș fi iubire?".
- Iubirea nu se inventează, se amintește.

Sigiliu de activare:
- Aleg să trăiesc din iubire, nu din frică.
- Aleg să văd cu ochii sufletului, îmbrățișând lumea ca parte din mine.
- Aleg să ordonez haosul prin prezență, iertare, simțire.
- Aleg să fiu iubirea care umple golul.

Concluzie: Iubirea e singurul templu care nu se dărâmă. Un om care iubește conștient se rescrie; o comunitate care iubește renaște; o specie care iubește evoluează.

Capitolul 12

Hotărârea care vindecă – Terapia ca ritual al deciziei.

12.1 – De unde începe cu adevărat schimbarea?

Orice căutare a binelui pornește, aproape inevitabil, cu o întrebare:
„Ce trebuie să fac ca să mă simt altfel?"
E legitimă, dar incompletă. Presupune subtil că „altcineva" sau „altceva" – un exercițiu, o tehnică, o persoană, un sfat – va aduce schimbarea. Adevărul e că transformarea reală nu începe cu ce faci, ci cu cine alegi să fii în raport cu ce ai trăit.

E o diferență uriașă între a căuta soluții și a deveni spațiul unde soluțiile se integrează; între a cere un exercițiu și a te face disponibil pentru vindecare. Nu poți face lumină într-o cameră fără să aprinzi becul.

În psihologie, acest moment e „punctul de decizie conștientă" – când ființa nu mai fuge din suferință, ci se întoarce în sine cu asumare:
„Eu sunt cel care poate schimba cursul vieții mele."
Vindecarea începe nu când găsești o metodă, ci când oprești fuga. Întrebarea se transformă:
- Din „Ce trebuie să fac?" în „Ce aleg să nu mai tolerez?"
- Din „Ce îmi lipsește?" în „Ce sunt dispus să eliberez?"
- Din „Cine mă poate ajuta?" în „Cum pot fi prezent pentru mine?"

Această alegere activează cortexul prefrontal medial – zona creierului responsabilă cu intenția, viziunea și autoreglarea emoțională. E ca și cum întreaga ființă declară:
„Sunt gata. Nu știu totul, dar nu mai vreau să mă neg.

Încep."

Aceasta e scânteia. Hotărârea e primul act terapeutic – nu cere perfecțiune sau condiții ideale, ci e ca focul dintr-un chibrit într-un întuneric adânc: mic, dar viu. De aici începe totul.

În pedagogia sufletului, ierarhia e firească:
• Suferința – declanșatorul
• Conștientizarea – luminarea cauzei
• Hotărârea – separarea de vechi
• Acțiunea – forma concretă a alegerii

Exercițiul nu face miracolul; e doar unealta. Mâna care-l folosește e decizia.

12.2 – Nu exercițiul vindecă. Ci omul care decide.

Exercițiul nu e salvarea, ci forma alegerii. Într-o societate ce vinde „metode rapide de vindecare", uităm un adevăr durabil:
• Exercițiul nu e cauza transformării.
• E ritualul ce validează o hotărâre.

Orice tehnică, oricât de eficientă, e inertă fără intenție vie. Poți face o mie de respirații conștiente și tot să fii prins în vechiul program – dacă nu ai decis să-l lași.
• Fără hotărâre, tehnica e rutină.
• Cu hotărâre, orice gest devine sacru.

Când spui „Aleg să nu mai trăiesc așa", exercițiul nu mai e un truc, ci un angajament.
• Nu tehnica vindecă. Ci omul care decide să se vindece.

Un exercițiu devine eficient nu pentru că e perfect sau științific, ci pentru că urmează o hotărâre profundă:
• „Nu mai vreau să trăiesc așa."
• „Îmi dau voie să fiu bine."

- „Aleg să ies din programul durerii."

Atunci, orice exercițiu e un ritual de validare – o alianță între corp, minte și suflet cu o intenție nouă. E puntea între intenție și acțiune, dar fără intenție, puntea e suspendată în vid.

12.3 – Neuroplasticitatea deciziei: cum se rescrie creierul.

Neuroștiința confirmă: intenția repetată, asociată cu atenție și emoție, creează noi conexiuni neuronale. Creierul nu se schimbă doar prin informație, ci prin atenție, emoție și repetare. Acest fenomen e neuroplasticitatea intenționată – capacitatea creierului de a se reorganiza prin voință conștientă.

Ce spune știința?

• După 21-66 zile de practică, o rețea neuronală nouă devine dominantă.

• Emoția asociată cu un gând întărește sinapsele ca un ritual biologic.

• Repetiția cu sens e mai eficientă decât automatismul.

Deci nu „Ce fac?" schimbă mintea, ci „De ce aleg să fac asta?". E cheia plasticității conștiente. Creierul devine ceea ce exersezi conștient. Dalta nu e tehnica, ci hotărârea.

12.4 – Ritualuri de resetare: exerciții cu suflet.

Mai jos sunt patru exerciții simple, dar profunde. Funcționează doar ca onorare a unei decizii profunde, nu din automatism.

Exercițiul 1 – Punctul Zero

Pentru crize de identitate, depresie funcțională, blocaj emoțional

- Pe o foaie, scrie în centru: „Eu cine sunt, fără frică?"
- În cele 4 colțuri:
  -Ce nu mai sunt
  -Ce pot deveni
  -Ce mă doare
  -Ce vis nu mai am curaj să spun
- Trage o linie între colțuri. În centru, adaugă un cuvânt-simbol: „Viu", „Curaj", „Azi", „Reset".
- Încheie cu: „Nu trebuie să fiu altceva. Doar să fiu prezent."

Exercițiul 2 – Cutia Închiderii
Pentru finaluri dureroase, despărțiri, burnout
- Pe o foaie: „La ce vreau să renunț cu respect?"
- Listează tot ce te consumă: persoane, idei, tipare.
- Pune foaia într-o cutie sau plic. Închide-l simbolic.
- Spune: „Îmi dau voie să merg mai departe."

Exercițiul 3 – Resetul Sistemului Nervos
Pentru anxietate, agitație, haos mental
- Postură: stai drept, picioarele pe podea.
- Respirație dirijată: Inspiră 4 secunde – Ține 4 – Expiră 6. Repetă de 3 ori.
- Ancorare senzorială: „Simt corpul. Aud lumea. Nu fug."
- Mână pe inimă: „Sunt aici. Sunt viu. Nu e nevoie să mă apăr."

Exercițiul 4 – Reprogramarea convingerii limitative
Pentru autocunoaștere și înlocuirea programelor vechi
- Scrie gândul care te blochează (ex. „Nu sunt suficient.").
- Cine ți l-a spus prima dată? Ce emoție îl însoțește?
- Închide ochii. Întreabă-te: „Ce aș gândi dacă nu mi-ar fi frică?"

- Rescrie gândul: „Am voie să cresc." / „Pot fi altfel." / „Merit binele."
- Repetă-l 5 zile cu voce, cu blândețe și prezență.

12.5 – O pedagogie nouă: decizia ca materie de studiu.

Educația modernă nu mai poate ignora interiorul ființei. Sistemul viitorului nu va preda doar formule și algoritmi, ci alegere interioară. Oamenii au nevoie de oglinzi care să le arate că pot alege. În loc de formule, să predăm:
- Puterea de a decide „cine vreau să fiu".
- Autoconștientizarea.
- Inteligența emoțională ca igienă mentală.
- Alegerea interioară.
- Responsabilitatea emoțională.
- Întoarcerea la sine.
- Cultivarea conștiinței, nu doar performanței.

Copiii și adolescenții nu au nevoie doar de informații, ci de permisiunea de a deveni ei înșiși. Decizia conștientă ar trebui să fie o materie – mijloc de sănătate mentală și direcție personală. Educația viitorului e despre congruență între gând, simțire și faptă, nu competiție.

12.6 – Concluzie: Alegerea care vindecă lumea.

Un om ce decide să nu mai sufere fără sens e deja un om nou. Când spune „Destul. Vreau altceva", e viu. Nu mai joacă roluri, nu cere salvatori, nu proiectează vina. Creează.

Alegerea de a trăi altfel e primul miracol. Exercițiul nu face minunea; confirmă că s-a produs – în interior, prin hotărâre vie:

„Mi-e suficient. Nu mă mai definesc prin ce mi s-a întâmplat. Ci prin ce aleg să devin."

Tăcerea, gestul, fraza nouă devin liturghii ale alegerii. Tu poți face asta – nu mâine, ci acum. Nu întreba ce exercițiu să alegi, ci:
- „Ce nu mai accept?"
- „Ce aleg să simt în schimb?"
- „Cine vreau să devin?"

Acolo începe vindecarea. Și o lume nouă, creată de oameni ce aleg să trăiască, nu să sufere. E libertatea. Epopeea unei decizii ce schimbă lumea.

Hotărârea de a nu suferi fără sens e un act sacru de restaurare a umanității. Într-o lume ce ne-a învățat să ne adaptăm durerii, tu poți rupe blestemul – deschizând o poartă pentru ceilalți.Revoluția adevărată e interioară: momentul când un om spune în tăcere:

„Aleg să trăiesc altfel. Nu mai port durerea altora ca identitate. Aleg să fiu viu."

Nu e o simplă decizie, ci o chemare la demnitate spirituală. Conștiința individuală se aliniază Universului, reînscriindu-se în simbioză.Tu nu ești trauma. Ești spațiul unde trauma se vede, se înțelege și se transformă în lumină. Chiar dacă ai rătăcit în labirintul durerii, tu poți spune:

„Aici se oprește ciclul."

„Nu mai port programul durerii."

„Aleg viața, iubirea, simbioza."

Aceasta e inițierea – nu într-o școală sau templu, ci în carnea, sângele și decizia ta. Cartea nu ți-a dat puterea; ți-a reamintit-o. Dacă alegi să trăiești din acest loc, devii o celulă conștientă în corpul viu al umanității. Nimeni nu va mai spune că omenirea n-are speranță. Pentru că tu ești deja dovada ei.

Epilog – Scrisoare pentru generațiile viitoare

Dacă citești aceste rânduri, ești parte dintr-o generație care poate schimba lumea – nu prin tehnologie, viteză sau cuceriri, ci prin alegeri simple și profunde, pe care cei dinainte le-au amânat, le-au rănit sau nu le-au înțeles.
Am trăit o viață cât o mie. Nu e o metaforă.
E ce simte un om care a stat 30 de ani în fața durerii altora și a înțeles că niciun tratament nu vindecă o inimă închisă, iar niciun sistem nu salvează o umanitate care nu se iubește pe sine.
Am văzut miracole ale iertării:
• Mame iertând ucigașii copiilor lor.
• Copii hrănindu-și propriii călăi.
• Durerea transformată în lumină, nu prin religie sau terapie, ci printr-o alegere umană absolută: „Nu mai vreau să continui lanțul răului. Aleg altceva."

Pentru voi, cei care veniți după noi, cu tehnologii noi, dar cu aceleași inimi vechi, poate rănite, scriu aceste rânduri. Vă rog un singur lucru:
Nu lăsați iubirea să fie doar o idee. Trăiți-o – în fiecare gest, decizie, om.
Apel:
• Nu transformați această carte într-un idol, ci într-o mișcare vie, o rugăciune practică, o acțiune conștientă.
• Învățați copiii să ierte înainte să învețe să scrie.
• Învățați-vă unii pe alții să simțiți, nu doar să analizați.
• Când nu știți ce să faceți, alegeți cu blândețe. De fiecare dată.
Nu las o doctrină, ci o întrebare:
„Ce alegi să fii, chiar și când viața ți-a fost nedreaptă?"

Această întrebare te va însoți mereu. Răspunsul tău va fi darul tău pentru lume.

Dacă ți-a fost de folos ce am scris, nu-mi mulțumi mie. Mulțumește-ți ție, că ai avut curajul să citești, să simți și să nu fugi. Și dacă vreodată simți că nu mai poți, amintește-ți:
* Am fost oameni, ca tine.
* Am căzut, ca tine.
* Am iertat. Am iubit.

Din ruinele noastre s-a născut această scrisoare.Cu recunoștință vie,

Un Om printre Oameni,

Care ți-a lăsat această torță să o aprinzi când ți-e cel mai întuneric.

Iulian Triboi

Glosar – Un ghid de orientare

Glosarul de față e un ghid pentru cei care vor să pătrundă mai adânc în sensul cuvintelor-cheie. Nu oferă definiții rigide, ci deschide înțelesuri, invitând fiecare cititor să recunoască ce a trăit, ce poate vindeca și cine poate deveni. Fie ca aceste cuvinte să devină portaluri spre o viață trăită în simbioză.

• Simbioză

Stare de coexistență conștientă între ființe, informații și energii. E un mod de a trăi fără competiție, dominare sau separare, recunoscând valoarea celuilalt ca extensie a propriei evoluții.

• Coerență

Acord intern între gând, simțire, vorbă și faptă. Nu e doar un ideal moral, ci un mecanism energetic și funcțional care susține sănătatea, claritatea și eficiența unei ființe.

• Observator interior

Instanța neutră din tine care privește suferința, gândurile și emoțiile fără a le amplifica sau judeca. E cheia ieșirii din reactivitate și a activării libertății de alegere.

• Menire

Scopul pentru care o ființă există într-un anumit moment al evoluției colective. E o funcție informațională vie, adaptabilă, activată prin conștientizare, nu o misiune prestabilită.

• Reset interior

Procesul de oprire a automatismelor inconștiente pentru a alege conștient cine vrei să fii. Nu e un eveniment, ci o decizie zilnică de a trăi în acord cu adevărul tău viu.

• Timp – Oglindă a alegerilor

Timpul nu e doar curgere, ci o organizare a conștiinței. Reflectă nivelul de asumare: cine refuză să decidă, suferă în timp; cine alege, transformă timpul în aliat.
- Trauma speciei

Memorie colectivă a durerilor nerezolvate ale umanității, transmisă transgenerațional, energetic și cultural. Afectează direcția civilizației. Vindecarea ei cere iertare, asumare și reconectare.
- Iubire ordonatoare

Forma supremă a iubirii: cea care pune viața în ordine, nu doar oferă plăcere. E forța prin care Universul menține coerența – un câmp viu de susținere și responsabilitate, nu doar o emoție.
- Decizie conștientă

Momentul în care rupi automatismul și alegi în acord cu o realitate superioară. E poarta oricărei vindecări reale; fără decizie, nicio metodă nu are putere.
- Frecvență

Nivelul de conștiință activ într-o ființă, o stare energetică măsurabilă prin funcționalitate, claritate și utilitate în simbioza universală. Oamenii cu frecvență înaltă trăiesc coerent, nu doar „știu" mai mult.
- Menire colectivă

Funcția unei comunități, națiuni sau specii în armonia universală. Cartea oferă această viziune: nu doar individul are un scop, ci și umanitatea în ansamblu.
- Vindecare reală

Eliberarea din mecanismele care generează suferința, nu doar tratarea efectelor. Se produce prin iertare, conștientizare, apartenență coerentă și renunțarea la rolurile vechi.
- Alegere funcțională

Alegerea a ceea ce susține viața, iubirea și simbioza în acel moment, nu doar ce e „corect". E baza etică vie a cărții: funcționalitatea în locul dogmei.

www.ingramcontent.com/pod-product-compliance
Lightning Source LLC
Chambersburg PA
CBHW021917180426
43199CB00031B/148

slăbiciune, ci pentru că suntem pregătiți. Pregătiți să ieșim din repetiție oarbă, să ne asumăm istoria fără a ne înrobi, să reumanizăm umanitatea. Simbioza e trăire, nu concept – fiecare alegere de a nu răni e iubire activă.

Vindecarea e realitate accesibilă când destui aleg să observe, să transforme, să țină rănile în brațe până nu mai dor. Trauma devine catalizator pentru reconfigurarea valorilor. Durerea ne-a adus aici; alegerea ne duce mai departe.

În tăcerea generațiilor, în privirile suferinde, în ruinele trecutului se ascunde o lumină – sinceritate, nu perfecțiune. Ne amintește că vindecarea e posibilă, necesară. Simbioza rănilor e începutul epocii conștiinței colective – tăcută, aleasă, în fiecare om ce spune: „Ajunge. Eu aleg altceva."

Apelul ființei umane către ea însăși:

Nu e un sfârșit, ci o chemare; nu o concluzie, ci o poartă deschi-să. În fața noastră e o alegere, nu doar o criză; o revelație, nu

doar o rană; o renaștere globală, nu doar suferință.

Omenirea e un organism bolnav, uitând să respire întreg. Am divizat corp, minte, suflet; am rupt simbioza, lanțul gând-imagine, spirit-materie, om-om. Dar în tăcerea dintre epoci, ne auzim, ne simțim, ne recunoaștem rănile și vindecarea lor.

Chemarea:
- Nu lăsa suferința să devină identitate.
- Nu accepta trauma ca normă.
- Nu perpetua inconștiența ca tradiție.
- Alege. Deschide ochii. Simte. Transformă. Devino.

Fiecare ființă vindecată e un organ trezit. Fiecare alegere pentru iubire e o sinapsă aprinsă. Fiecare gest de simbioză e o rugăciune: „Mai credem în noi." Nu mai e timp să fim mici. E timpul să fim constructori ai păcii, fii ai luminii, grădinari ai viitorului.

Când omenirea va ști că e un ecou al aceluiași întreg, trauma va ceda creației, frica – curajului, vinovăția – iertării, izolarea – simbiozei. Istoria ne va aminti nu pentru suferință, ci pentru trezirea împreună.

„Eu sunt, tu ești, noi suntem – vindecarea însăși."

Ecoul unei umanități care își amintește adevărul.

Capitolul 10

Menirea individuală și colectivă – Calea interioară și scopul universal

Menirea e firul roșu care leagă sufletul de Univers. Individuală sau colectivă, ea transformă existența din supraviețuire în co-creație, din fragmentare în simbioză, din durere în sens.

10.1 – Diferența dintre scop, vocație și menire – O hartă a sensului interior.
Scopul: O țintă exterioară – o casă, un job, o familie. Motivează, dar e tranzitoriu, condiționat de context.
Vocația: Chemarea lăuntrică spre o expresie – muzică, medicină, artă. E legată de talente, dar poate fi multiplă.
Menirea: Sensul ultim al existenței tale, legătura cu Simbioza Universală. Nu o alegi, o revelezi.
Caracteristici ale menirii:
• Nu e un „ce" sau „cum", ci un „de ce" existențial.
• Se descoperă în claritate interioară, nu se inventează.
• Când trăiești în afara ei, viața e grea, goală, confuză.
• Când te aliniezi, viața curge, prinde sens, devii canal al Întregului.
Concluzie: Menirea e acordul tău cu Universul. A o trăi înseamnă a radia sens, nu doar a atinge scopuri.

10.2 – Chemarea interioară și acordul cu Universul.
Chemarea interioară e glasul menirii – uneori o liniște adâncă, alteori un foc care nu se stinge. E vibrația adevărului care te cheamă să fii TU, pentru Întreg.

Cum se manifestă?
• Ca o neliniște când trăiești fără sens.
• Ca o coerență când gândul, emoția și acțiunea dansează împreună.

Neuroștiințific:
• În starea de coerență, cortexul prefrontal se activează, cortizolul scade, dopamina și oxitocina cresc.
• Intuiția se clarifică, sincronicitățile apar, alegerile se aliniază cu realitatea.

Impact:
• A ignora chemarea e ca a merge fără hartă – supraviețuiești, dar te rătăcești.
• A o urma transformă durerea în sens, căderile în ridicări conștiente.

Concluzie: Chemarea ta e parte din chemarea umanității. Când o urmezi, reordonezi lumea prin prezența ta autentică.

10.3 – Căutarea menirii: între chemare interioară și presiune socială.

Chemarea e o șoaptă interioară, dar presiunea socială urlă: „Fii avocat", „Ai un job sigur", „Fii cineva". Astfel, omul învață roluri, nu meniri, trăind succes fără bucurie, bani fără pace.

Conflictul:
• Presiunea creează identități de împrumut, producând nevroze tăcute și gol existențial.
• Menirea e un acord interior, nu o carieră impusă.

Puterea menirii:
• O persoană aliniată devine terapeutică prin prezență.

• Autenticitatea sa trezește ceilalți, inspirând fără a impune.
Concluzie: Căutarea menirii e o necesitate psihică, nu un lux. O lume fără meniri trăite produce sisteme goale, nu vieți vibrante. Menirea e locul unde sufletul tău întâlnește nevoia lumii.

10.4 – Blocaje în calea menirii – De ce renunțăm la ceea ce ne cheamă.
Menirea șoptește, dar fricile țipă. Blocajele sunt convingeri internalizate:
• „Nu sunt suficient de bun."
• „E prea târziu."
• „Nu pot trăi din ce iubesc."
• „Nu voi fi acceptat."
Cauze:
• Educația: Învață conformismul, nu explorarea. Copilul e recompensat pentru „corect", nu pentru intuiție.
• Societatea: Promovează succesul vizibil (faimă, avere), ignorând menirile tăcute (vindecare, blândețe).
• Frica de eșec: Cel mai mare eșec e să nu încerci.
• Confortul: Menirea cere curaj, nu obișnuință.
• Așteptarea validării: Menirea e o taină personală, nu un contract public.
• Comparația: Crezi că alții sunt „mai buni", uitând că menirea e despre a fi TU.
• Amânarea: Aștepți să fii „gata", dar menirea cere doar disponibilitate.
Soluția:
• Întreabă: „Ce aleg să ascult – frica sau adevărul interior?"

• Primul pas clarifică drumul. Universul răspunde angajamentului, nu dorințelor vagi.

Concluzie: Menirea doare dacă o ignori, dar devine miracol când o trăiești. Coincidențe, oameni, oportunități apar când spui: „Asta sunt. Asta aleg."

10.5 – Descoperirea menirii – Întrebări care deschid drumul.

Menirea se revelează în tăcere, nu în tumult. E un fir care leagă darurile, durerile și întrebările tale într-o direcție coerentă.

Întrebări cheie:
- Ce mă pasiona în copilărie, înainte de „trebuie"?
- Ce aș face cu entuziasm, chiar neplătit?
- Ce mă face să uit de timp și să mă simt viu?
- Ce doare în lume și mă cheamă să schimb?
- Ce fac bine, ajutând natural ceilalți?
- Ce aș regreta că n-am făcut?

Procesul:
- Cultivă întrebările cu sinceritate. Răspunsul vine ca o schimbare de energie, nu ca o propoziție.
- Renunță la identități care nu te mai servesc: cariere din frică, relații care te micșorează.
- Menirea nu e ce faci, ci cine devii făcând acel lucru.

Concluzie: Menirea se naște unde dorința ta profundă întâlnește nevoia lumii. Ascultă-te cu sinceritate, și drumul se va clarifica.

10.6 – Menirea colectivă – Cum evoluează un popor, o specie, o umanitate.

Menirea colectivă e chemarea unei civilizații spre un nivel superior de conștiință, răsărind din trezirile individuale.

Caracteristici:
• Memorie vie: Menirea e sensul a ce putem deveni, nu doar ce am fost.
• Neuroștiința compasiunii: Creierul e construit pentru interdependență, nu competiție.
• Simbioza evolutivă: Trecerea de la „eu contra restul" la „eu pentru întreg".

Etapele menirii umane:
• Supraviețuire: hrană, adăpost, reproducere.
• Conștiință: limbaj, cultură, etică.
• Responsabilitate: armonie cu planeta, pace, echilibru spiritual.

Exemple:
• Poporul evreu: supraviețuire și identitate.
• Civilizația europeană: raționalitate și drepturi.
• Tradițiile indigene: armonie cu natura.
• Mișcările globale: ecologie, egalitate.

Criza ca rampă:
• Pandemii, crize climatice, polarizări sunt semnale de maturizare.
• Menirea colectivă e o necesitate adaptativă, nu un ideal.

Concluzie: Menirea colectivă e reamintirea interdependenței. Fiecare alegere personală reverberează în umanitate, transformând istoria din povară în profesor.

10.7 – Când menirea doare – Provocările unui suflet trezit.

Menirea doare nu pentru că e greșită, ci pentru că e

adevărată. Trezirea rupe vechile roluri, aducând claritate, dar și izolare temporară.

Provocări:
• Ruptura: Ceilalți nu te mai recunosc; lumea nu te vrea cum ești.
• Testul loialității: Menirea cere fidelitate, chiar când e incomodă (familia nu înțelege, prietenii râd).
• Zgomotul lumii: „La ce-ți folosește?", „De ce nu ești normal?"

Durerea ca dovadă:
• Menirea doare pentru că e vie, cerând trăire, nu mimare.
• E semnul că ai ieșit din hipnoză, refuzând o viață de împrumut.

Soluția:
• Transformă durerea în combustibil prin trăire lucidă.
• Sufletul are nevoie de adevăr, nu de aprobare.

Concluzie: A-ți urma menirea nu e ușor, dar e singurul mod în care sufletul e întreg. Când doare, știi că e real.

10.8 – Exemplul viu – Omenirea ca ființă cu menire.

Omenirea e un super-organism cu ADN informațional comun, fiecare om fiind o celulă într-un corp în maturizare.

Perspectiva:
• Biologic: Pandemiile, crizele sunt febre ale unei treziri colective.
• Social: Responsabilitatea față de planetă și comunități.
• Spiritual: Conștiența divinității interioare.

Rolul individului:
• Fiecare decizie de iubire purifică câmpul colectiv.
• Fiecare vindecare personală oxigenează umanitatea.